**ENVELHECER
É PARA
AS FORTES**

ENVELHECER É PARA AS FORTES

As pioneiras que resistiram à ditadura, lutaram por um novo jeito de ser mulher e agora reinventam a velhice

Helena Celestino

1ª edição

EDITORA RECORD
RIO DE JANEIRO • SÃO PAULO
2022

CIP-BRASIL. CATALOGAÇÃO NA PUBLICAÇÃO
SINDICATO NACIONAL DOS EDITORES DE LIVROS, RJ

C386e

    Celestino, Helena
        Envelhecer é para as fortes: as pioneiras que resistiram à ditadura, lutaram para mudar o jeito de ser mulher e agora reinventam a velhice / Helena Celestino. - 1. ed. - Rio de Janeiro: Record, 2022.

      ISBN 978-65-5587-491-4

      1. Mulheres - Condições sociais. 2. Feminismo. 3. Idosas - Condições sociais. I. Título.

22-77470   CDD: 305.42
                                       CDU: 141.72

Meri Gleice Rodrigues de Souza - Bibliotecária - CRB-7/6439

Copyright © Helena Celestino, 2022

Todos os direitos reservados. Proibida a reprodução, armazenamento ou transmissão de partes deste livro, através de quaisquer meios sem prévia autorização por escrito.

Texto revisado segundo o novo Acordo Ortográfico da Língua Portuguesa.

Direitos exclusivos desta edição reservados pela
EDITORA RECORD LTDA.
Rua Argentina, 171 – Rio de Janeiro, RJ – 20921-380 – Tel.: (21) 2585-2000,

Impresso no Brasil

ISBN 978-65-5587-491-4

Seja um leitor preferencial Record.
Cadastre-se no site www.record.com.br
e receba informações sobre nossos lançamentos e nossas promoções.

Atendimento e venda direta ao leitor:
sac@record.com.br

Às minhas companheiras de viagem, que me inspiram, ensinam e tornam a vida mais alegre.

Elas são as mulheres radicais dos anos 1960 e 1970, que chegam aos 60/70 anos e não se reconhecem no olhar do outro. São parte da geração 1968, que resistiu à ditadura brasileira, fez da juventude um valor, ajudou a mudar o jeito de ser mulher e, agora, tenta reinventar a velhice, rotulada por Simone de Beauvoir de "último tabu".

A ideia deste livro é resgatar a história do Círculo de Mulheres Brasileiras, grupo assumidamente feminista, formado em Paris no exílio dos anos 1970. Através da trajetória de oito pioneiras no jeito de viver, recuperamos a memória dessa luta por direitos num tempo em que a violência se misturava à utopia. Aqui tentamos construir uma narrativa — sem preconceitos nem fantasias — do envelhecimento no início do século XXI.

Sumário

I. O último tabu — 11
II. França, a pátria dos exilados do mundo — 21
III. A dança dos exílios — 33
IV. Do patriarcado à revolução sexual — 43
V. Violência contra a mulher: dor e superação — 59
VI. Vera Sílvia, a musa — 65
VII. Vera e a volta em vários mundos — 73
VIII. O Saci em Paris — 79
IX. Meu capitão é veado! — 83
X. A anistia mexe com corações e mentes — 87
XI. Começar de novo — 93
XII. Briga pela vida — 103
XIII. Trabalho, corpo e sexo aos 60+ — 111
XIV. As etiquetas do mercado de trabalho — 119
XV. Vivendo o prazer — 131
XVI. Peitamos — 139
XVII. Diálogos de geração — 145
XVIII. A nova revolução já começou — 153
XIX. O passado que não passa — 159

Agradecimentos — 161
Notas — 163

I

O último tabu

Aos 66 anos, me vi obrigada a reinventar a vida. Nada mais banal. Um novo CEO assumiu e cortou quase metade da redação à qual eu estivera ligada por mais de duas décadas. A escolha dos demitidos, na maioria dos casos, foi pela coluna dos salários. A expulsória aos 60, criada cerca de uma década antes, já me tirara do comando da redação e, após uma feliz transição, me levara a escrever uma coluna de assuntos internacionais. Durou até a política de corte de gastos impor-se como valor.

Era o Brasil em outubro de 2015. Desemprego, crise política, crise moral, Dilma Rousseff já a caminho do impeachment. No mundo, a Europa levantava muros contra imigrantes, o Estado Islâmico aterrorizava o Ocidente, a crise de 2008 deixara um rastro de raiva e medo, levando a extrema direita a ganhar espaço. O dia a dia do Brasil e do mundo faz parte do meu cotidiano desde os 18 anos, quando entrei numa redação pela primeira vez. Como jornalista, tive uma carreira bem-sucedida, mas a conversa de corte de custos rapidamente me fez constatar a verdade da afirmação de Simone de Beauvoir: a velhice é o último dos tabus.

Fui ver como estavam vivendo as mulheres da minha geração, brasileiras com diferentes trajetórias, cujas vidas se cruzaram nos anos 1970 em Paris, todas vindas da resistência à ditadura no Brasil. Em todos esses anos, sempre nos vimos aqui e lá, algumas de nós voltaram a morar na França. Seguimos carreiras diferentes, mas mantivemos a intimidade e o prazer a cada reencontro, sempre entremeado de gargalhadas. Eu trabalhava até tarde da noite, passei anos fora do Brasil como correspondente do jornal em Paris e Nova York e, mais tarde, como colunista itinerante em Londres, Nova York, Paris e Rio. Fazia tempo que não nos víamos regularmente. Mas agora, para mim, era urgente.

No primeiro reencontro, gritamos juntas: "Ele não." Era um sábado de sol, a oito dias do primeiro turno das eleições presidenciais de 2018.

O metrô, com estações em torno da Cinelândia, despejava milhares de pessoas desde cedo. O clima de medo da violência ia se desfazendo, e a animação, crescendo entre os ativistas. As meninas de perna de pau abrem o protesto, seguidas das mães com os carrinhos de bebê e dos percussionistas da bateria. As pretas e seus meninos vêm todas juntas, com cartazes contra o racismo, reafirmando a força do movimento das mulheres negras. As jovens gritam as palavras de ordem do feminismo do século XXI.

"Boi, boi, boi / Boi da cara preta / Pega o Bolsonaro que tem medo de boceta."

"Eta, eta, eta / Congresso moralista quer mandar na minha boceta."

"Tirem seus rosários dos meus ovários."

É o primeiro movimento político eleitoral protagonizado por mulheres na história do país. Centenas de milhares protestam em centenas de cidades brasileiras e, em todas, elas se exibem com orgulho. Levantam a voz pela liberdade e pela diversidade, lutando contra o fascismo, o ódio, o racismo, a homofobia e a censura.

Nosso grupo, de mulheres em torno dos 70 anos, entra na *manif* sob aplausos e gritos de "Ele não". "Peitamos", avisava o cartaz, com dois seios nus em alto-relevo. Nas camisetas, anunciamos quem somos: estamos há quarenta anos na luta pela democracia. De braços dados, repetimos intuitivamente uma imagem emblemática, e o público reconhece na nossa entrada o gesto das atrizes Leila Diniz, Odete Lara,

Norma Bengell, Marieta Severo e Eva Wilma, de minissaia e braços dados, na Passeata dos Cem Mil, em 1968, também contra a censura, em defesa da cultura e da liberdade. As duas imagens, passado e presente, acabam compartilhadas juntas nas redes: muitas delas já se foram, nós somos suas herdeiras e, ao nosso redor, uma terceira geração levanta a bandeira dos feminismos, amplificados por vozes múltiplas dos movimentos negro, LGBT, indígena, mulherismo...

O protesto é enorme e diverso. Mulheres, homens, negros, brancos, famílias, casais de namorados gays, héteros, trans, gente sozinha, todos gritam palavras de ordem, cantam, empunhando cartazes com "Não às armas" e "Sim à igualdade", com homenagens às mulheres e, especialmente, à vereadora Marielle Franco, assassinada poucos meses antes. No meio deles, nós, juntas, de camiseta lilás. Entramos no foco de fotógrafos e repórteres.

"Quem são?", perguntam todos à nossa volta.

Somos as radicais dos anos 1960 e 1970, agora com 60/70 anos, enfrentando juntas o último dos tabus: o envelhecimento.[1]

Mais detalhes?

GLÓRIA FERREIRA, 73, é uma sobrevivente do combate aos efeitos de um tumor na hipófise. Maranhense, baixinha e delicada, forte como uma nordestina. A vontade de viver a faz sair sorrindo e convocando os amigos ao fim das frequentes estadias em hospitais. Estava bem quando a Covid-19 a fez passar quase dois anos internada: resistiu às intubações, à traqueostomia, às sondas e saiu de lá de cadeira de rodas e punho erguido, rindo, com o cartaz: "Eu venci a Covid." Foi para casa ainda com *home care*. Suas fotos documentaram o exílio e o início do feminismo em Paris, para onde foi depois de lutar contra a ditadura no Brasil, fugir para Argentina e Chile, recomeçar a vida na Suécia e depois na França. Hoje é uma reconhecida curadora, crítica de arte e fotógrafa e, como professora da Universidade Federal do Rio de Janeiro (UFRJ), formou uma geração de artistas. Não tem filhos, há 23 anos mora no Rio e o marido, francês, em Paris.

VERA BARRETO LEITE VALDEZ, 85, é alta, magra e de cabelos brilhantes. Com uma elegância afrancesada, corpo ereto e rosto marcado pelas linhas da vida, ela mantém a postura de top model nas passarelas e fora delas. Foi modelo em Paris no pós-guerra e, nos anos 1960, encontrou na contracultura seu lugar de resistência à ditadura: viveu em Arembepe na fase hippie, atuou e produziu filmes, caiu nas drogas, foi presa e torturada. Instalou-se de novo na França e sua cabeça livre aproximou-a dos refugiados brasileiros e a fez assumir nova identidade: atriz exilada. Continua em palcos e capas de revista, mas, às vezes, deprime. "Quando a gente envelhece, fica insegura", disse ao fim da estreia da remontagem de *Roda Viva* em temporada no Rio. Tem duas filhas, duas netas, quatro bisnetos e uma vida amorosa movimentada. "Namorei homens e mulheres, fumo maconha desde os 13, sou a prova de que não faz mal", diz.

LENA TEJO, 75, descobriu recentemente uma nova profissão: artista plástica. Faz bonecas vestidas e ambientadas para expressar os vários momentos da vida: a primitiva, a viajante, a desesperada, a solta no ar. Algumas já foram expostas numa coletiva digital. É a sua quarta transformação radical. No primeiro ato da vida adulta, formou-se em direito; no segundo, foi guerrilheira e, perseguida pela polícia, fugiu sozinha para Paris, onde tornou-se feminista e jornalista. Na volta ao Brasil, no terceiro ato, assumiu um posto importante no Judiciário, com alto salário e uma vida "dentro da caixa". Foi uma escolha pragmática, tinha filha para criar, além de pais velhinhos e falidos para sustentar. O quarto ato começou com uma rasteira da vida: a melhor amiga de infância denunciou Lena T. à Justiça, acusando-a de receber a pensão da mãe já morta. Era o contrário: a ex-amiga tinha cometido a fraude. Tem uma filha atriz, com belos cabelos ruivos como os dela.

ELIANA AGUIAR, 70, carioca por adoção, é uma tradutora reconhecida, com várias indicações a prêmios. Trabalhou loucamente para sustentar a filha estudando no exterior e, como diz, encorujou.

Uma pneumonia a levou ao Centro de Terapia Intensiva (CTI), de lá saindo cheia de vontade de viver e conviver com os amigos. Magra, alta, ousada no jeito de vestir, Eliana fez dos dois ex-maridos os seus melhores amigos. Chegou ao feminismo depois de uma dolorosa história de violência sexual que virou bandeira política das mulheres brasileiras e francesas. Saiu do Brasil fugindo das drogas e das restrições à liberdade: nos anos 1970, era da turma da contracultura, em que a luta contra a censura se unia à resistência à ditadura. Tem uma filha economista e dois netos, que atualmente moram na Holanda. "Minha filha é o sol da minha praia."

LENA GIACOMINI, 72, ficou um ano sem trabalho e já estava pensando em produzir sonhos, não mais utopias, e sim os doces, para vender. Pesquisa impactos sociais de grandes projetos sobre o meio ambiente. Ou melhor, pesquisava, antes do governo Bolsonaro, quando havia grandes projetos e alguma preservação do meio ambiente. Tem corpo de atleta, conquistado nos anos de jogadora da seleção brasileira de vôlei. Pontua as conversas com grandes gargalhadas, tem uma imbatível coleção de memes e figurinhas para enviar nas conversas de WhatsApp. Foi o feminismo que lhe deu coragem de deixar o amor da sua vida em Paris e partir sozinha com a filha para trabalhar em Moçambique, último dos seus múltiplos países de exílio. Na ditadura, foi presa pela Oban, em cuja sede os presos políticos desapareciam. Fugiu do país e fez o circuito dos refugiados brasileiros, parte dele sozinha com um bebê de treze meses: ela e a filha se refugiaram na embaixada da Argentina fugindo dos *carabineros* pós-golpe do Chile. Hoje tem dois filhos e recentemente ficou viúva. No segundo semestre de 2021, comemorou a já inesperada volta ao trabalho, em contrato de regime temporário, na sua área de expertise.

AMÉRICA UNGARETTI, 76, é do Conselho Municipal dos Direitos das Crianças e dos Adolescentes. Fez da proteção de menores sua profissão e militância: foi da Unicef e, por conta disso, morou em Angola e na Costa do Marfim depois da anistia. Saiu do Brasil fugida, foi para o Chile e de lá para a Alemanha, onde teve sua filha, acompanhada por uma amiga alemã que traduzia os gritos e xingamentos dela para os médicos e reproduzia as instruções deles para a quase mãe. Depois foi para a capital francesa e resume o tempo difícil dizendo: "Fui uma exilada pobre em Paris." Tem uma dolorosa história de violência sexual no passado. Teve dois maridos, muitos namorados e, mais recentemente, relações amorosas com mulheres. Gaúcha, determinada, trabalha e milita o tempo inteiro. "Adoro a liberdade vinda com a idade", afirma. Sente falta de uma companheira ou um companheiro. Os dois netos a encantam.

BETÂNIA, 73, alagoana, socióloga, pesquisadora, transformou o feminismo em profissão. Ao voltar do exílio em Paris, ajudou a criar a mais importante ONG feminista de Recife e desde 1981 é uma das líderes do grupo, uma referência político-cultural da cidade. Continuava correndo o mundo em palestras e congressos até a pandemia mudar a vida dela e de todos nós. Nasceu numa fazenda no interior de Alagoas, coração do patriarcado. "Diante disso, só virando feminista", previu. O destino se cumpriu. Tem uma relação amorosa duradoura, não teve filhos, mas tem netos adotivos. Guardou um delicioso sotaque do Nordeste, é amorosa e conquista a todos com um sorrisão aberto no rosto.

VERA SÍLVIA MAGALHÃES, aos 59, morreu de enfarto. Musa da geração rebelde, Vera foi guerrilheira, economista e socióloga. A imagem da saída dela do Brasil correu o mundo: frágil, nos seus 37 quilos, paralítica e sentada numa cadeira de rodas, na frente do avião que a levaria para a Argélia, banida do Brasil. Tinha 22 anos. Acabara de passar pelos porões da ditadura, mas nunca desistiu de lutar por um mundo melhor. "Herdei da tortura um estado de dor", dizia. Participara do sequestro do embaixador americano, numa ação para libertar os militantes presos, viveu atormentada pela imagem de seu companheiro caído no chão depois de um tiroteio, cena que anos de psicanálise não tornaram mais fácil de relembrar. Já mais velha, depois de passar por doenças graves do corpo e da alma, subia favelas e visitava presídios para contar sua história e defender o direito à cidadania dos mais vulneráveis. Era bela, inteligente, com um afiado senso de humor. Teve um filho, muitos amores e uma multidão de amigos. "O melhor da geração 68 foi a construção de afetos e de uma ética."

Todas essas mulheres anteciparam o jeito de viver do século XXI. Exiladas por conta da luta contra a ditadura, criaram em Paris o Círculo de Mulheres Brasileiras, um dos primeiros grupos feministas com palavras de ordem em português desde as sufragistas. São parte da geração 1968, que descobriu a juventude como valor e ajudou a mudar para sempre o jeito de ser mulher.

Nossas vidas se cruzaram em Paris, onde encontrei ou reencontrei todas elas. Antes de a globalização ter trazido o mundo para as telas dos nossos computadores, eu já me autoexilara na França. Estávamos vivendo sob ditadura militar. Jornalista recém-formada pela UFRJ, eu escrevia numa época em que a censura se transformou em autocensura. Os inspetores do Dops já não ligavam para as redações com ordens sobre o que não publicar, mas havia o entendimento de que "não se devia cutucar a onça com vara curta".

Eu fazia parte do grupo chamado, por sua irreverência, de "tropa maldita". Trabalhávamos sob o comando de Reynaldo Jardim, poeta, artista gráfico e reformador de jornais. Ele era diretor do *Correio da Manhã* e da *Última Hora*, ambos comprados pelos irmãos Mário, Maurício e Marcelo Alencar, quando um aliado da ditadura chegou para substituir o chefe da redação do jornal símbolo da resistência ao golpe de 1964. Todos pedimos demissão. Ainda passei um tempo como freelancer, em revistas e jornais alternativos, mas, ao saber que a polícia perguntara por mim ao diretor da Escola de Comunicação da UFRJ, fui para a França, onde fiquei até pouco antes da anistia.

Como jornalista, me concedi o papel de narradora da história das mulheres desse coletivo feminista que, há mais de quarenta anos, desafiam o patriarcado. Meio fora, meio dentro, fui testemunha de suas trajetórias, mas só muito recentemente me incorporei formalmente ao grupo, já rebatizado de Peitamos.

Elas combateram a ditadura, correram mundo e correram perigo, tiveram vidas excitantes, casaram-se muitas vezes, viveram a revolução sexual, moraram em diversos países, tiveram filhos ou recusaram a maternidade, construíram famílias e carreiras profissionais, reinventaram-se algumas vezes e assim continuam fazendo.

As meninas exiladas em Paris, com *O segundo sexo*[2] na mochila, foram embaladas pelo movimento feminista francês e afirmaram a autonomia da luta das mulheres diante dos grupos e partidos de esquerda, aos quais a maioria estava ligada no Brasil e durante os exílios. Com a Lei da Anistia, em setembro de 1979, engrossaram a grande onda de retorno ao Brasil, e o protagonismo delas nos anos de chumbo ficou semiesquecido em meio à festiva e conturbada transição da ditadura para a democracia brasileira. Eles chegaram como heróis, corajosos. Elas, como feministas meio loucas e quase putas.

Ainda hoje, a luta contra a ditadura é sempre contada como uma história de homens, na qual mulheres entram como coadjuvantes. Os guerrilheiros escreveram livros em que elas figuram como esposas, apenas acompanhando os revolucionários. Recuperar o papel das mulheres contra o regime militar é parte da resistência às tentativas da extrema direita de reescrever e apagar o passado.

Essa geração de feministas, herdeira direta dos movimentos de 1968, nos ensinou a lutar pela igualdade, a aceitar nossos corpos, nossa sexualidade e nossos desejos, mas raramente o envelhecimento fez parte dessa agenda. A ativista de direitos civis norte-americana Audre Lorde inclui o etarismo entre os outros *ismos* que representam formas de opressão, como o racismo e o machismo.[3]

Tais mulheres, agora com 60 ou 70+, são as mesmas que proclamaram "meu corpo me pertence", viveram a revolução sexual, denunciaram a discriminação da mulher e a falsa hegemonia da heterossexualidade. A fúria e a raiva são malvistas a partir de uma determinada idade, mas elas fazem parte da "velhice insubmissa". Lançaram a moda dos protestos na hora de tomar vacina contra a Covid-19: uma pintou "Genocida" na camiseta, lembrando os mais de 600 mil mortos deixados pelo negacionismo do presidente Bolsonaro. "Viva o SUS" ou "Fora Bolsonaro", diziam os cartazes empunhados por outras. Uma, mais ousada, amarrou um jacaré de borracha no corpo para debochar da praga do homem do Planalto de que a vacina iria transformar gente em réptil.

E assim elas continuam reinventando a vida — desta vez, a vida na velhice. Suas trajetórias acompanham as grandes mudanças pelas quais o mundo passou nas últimas cinco décadas. "O pessoal é político", diziam, e foi com base na vida cotidiana que os feminismos construíram a reflexão teórica e as bandeiras de luta dos movimentos. O envelhecimento, porém, ainda não entrou nessa pauta, talvez porque seja a discussão mais difícil de se enfrentar: a da finitude. Quem sabe achamos um jeito poético de viver isso?

II

França, a pátria dos exilados do mundo

Paris fervilhava e era um deslumbre para quem saía das ditaduras latino-americanas. Os movimentos de 1968 foram derrotados, mas as mulheres tomaram as ruas na França, na Itália, na Alemanha, na Suécia etc. Em toda parte, empunhavam bandeiras contra arraigadas tradições conservadoras, desafiavam a lei e exigiam um futuro com igualdade de gênero. Eram quase sempre de esquerda, porém romperam com a ideia, defendida pelos partidos e organizações políticas, de que o socialismo traria junto o fim da opressão das mulheres.

Maio de 1968 na França foi intenso e fugaz, mas abriu novas possibilidades para construir um mundo melhor. Começou com uma reivindicação simplória: os estudantes da Universidade de Paris-Nanterre queriam receber as namoradas nos dormitórios. Foi o estopim para as reivindicações se multiplicarem por toda a vida cotidiana, os sistemas social e político passaram a ser contestados. Estudantes, operários e artistas, unidos, pararam a França. Ocuparam as universidades, transformando-as em fórum permanente de debates. Uma greve geral fechou as fábricas e interrompeu a produção e os serviços. Barricadas foram erguidas nas ruas, tomadas por manifestações permanentes e por policiais destacados para a missão impossível de parar os protestos.

Foi um momento de euforia. Os slogans mostravam a ambição e a irreverência do movimento: "Seja realista, exija o impossível", "Um outro mundo é possível", "A imaginação no poder", "Quanto mais faço amor, mais quero fazer a revolução, quanto mais faço a revolução, mais quero fazer amor", "Sob o paralelepípedo, a praia".

Levou um mês até os conservadores voltarem a controlar o país, mas a França — e talvez o mundo — tinha mudado para sempre.

Aí foi a vez das mulheres: elas decidiram que não seriam coadjuvantes nesse filme em que os homens desempenhavam os papéis de destaque. Naquela famosa primavera, em anfiteatros lotados, elas denunciavam a divisão sexual do trabalho militante: eles escreviam, elas serviam café em reuniões que varavam a noite. As meninas também jogavam pedras na polícia, mas o cotidiano delas continuava diferente do dia a dia dos rapazes. Eles brilhavam nos microfones, elas, invisíveis, estavam nas camas dos revolucionários ou nos mimeógrafos, na repetitiva tarefa de rodar os textos escritos por eles (naqueles longínquos anos 1960, os panfletos eram batidos à máquina de escrever e rodados no mimeógrafo, os ancestrais do computador e da impressora). Eles passaram à história como líderes do movimento, elas quase foram apagadas. Mas reagiram.

"Nesse baile, fomos convidadas só para fazer café e distribuir panfletos?", cobravam.

Partiram para um movimento solo. Na primeira aparição pública, em agosto de 1970, elas eram apenas um punhado de jovens já empoderadas pela força das suas palavras de ordem. "Existe alguém mais desconhecido do que o soldado desconhecido: é a mulher dele", provocaram, ao colocar uma coroa de flores embaixo do Arco do Triunfo. Era uma época em que, ao se reunirem à mesa, as famílias francesas diziam às crianças: "Coma, coma, você não conheceu a guerra." O protesto das mulheres debochava dos heróis que haviam expulsado os nazistas do país e mexia com um mito da França conservadora.

Foi um escândalo. Com uma reação mais forte do que o esperado, elas improvisaram um nome: Mouvement de Libération des Femmes [Movimento de Liberação das Mulheres], ou MLF. Traduziram simplesmente do inglês o já conhecido Women's Liberation Movement, de Betty Friedan e Gloria Steinem, duas das líderes do feminismo norte-americano com repercussão internacional desde 1968.

A mais bela herança da revolta estudantil contra a autoridade, as proibições e as dominações foi o Movimento de Liberação das Mulheres. "Não haveria MLF sem Maio de 1968, mas, ao mesmo tempo, o movimento das mulheres se fez contra o que Maio de 1968 tinha de virilidade guerreira e machista", escreve a psicanalista francesa Antoinette Fouque, presente nas jornadas na Sorbonne em 1968 e uma das que cofundou, pensou e fez crescer o MLF até morrer, em 2014.

As palavras de ordem dos revolucionários de maio exibiam a confiança deles na superioridade do macho. "O poder está na ponta dos fuzis, o poder está na ponta do *phallus*", apregoavam em cartazes, sem o menor pudor. Não por acaso, o segundo ato da revolução das mulheres foi rejeitar a participação dos homens em reuniões e ações. Ficar entre mulheres liberava a palavra do peso e da dominação masculina. Foi outro escândalo: como ousavam rejeitar os companheiros?

Começou assim uma revolução, tirando as mulheres da invisibilidade em que estavam há séculos. As feministas francesas inventaram a casa editorial Éditions des Femmes e, depois, suas próprias livrarias, jornais, filmes, encontros, manifestações...

Esse era o clima em Paris quando chegaram as exiladas brasileiras. Vinham das lutas contra a ditadura militar, algumas tinham passado pela cadeia, outras, pelo exílio no Chile, Argentina, Suécia, Alemanha, Dinamarca. Também foi em Paris que parte da galera da contracultura procurou refúgio e, assim, a trinca formada por sexo, drogas e *rock'n'roll* juntou-se àquela que pregava paz, amor e poesia de mimeógrafo, ambas contra os valores do patriarcado e perseguidas pela ditadura no Brasil.

As exiladas do Brasil eram, na verdade, parte da segunda onda do exílio. A primeira turma fora expulsa logo após o golpe de março de 1964, quando toda uma geração de intelectuais e políticos foi obrigada a partir por pensar um projeto de país que não cabia na cabeça dos militares. Foi uma época em que o Brasil expulsou a inteligência do país. Partiram para o exílio intelectuais como Celso Furtado, criador da Superintendência do Desenvolvimento do Nordeste (Sudene) e então ministro do Planejamento; Darcy Ribeiro, fundador, com Anísio Teixeira, da Universidade de Brasília e, na época, ministro-chefe da Casa Civil; os sociólogos Octavio Ianni e Florestan Fernandes, o poeta Thiago de Mello e inúmeros outros. Todos derrotados pela força das armas e dos atos institucionais.

Mais jovens do que os refugiados da primeira leva, a segunda turma foi obrigada a partir depois do AI-5. Eram, na maioria, estudantes que haviam participado das grandes manifestações de 1968. Duramente reprimidos, parte deles engajara-se no movimento estudantil e, depois, na luta armada, pois era impossível não se chocar diante da violência da repressão e partir para a resistência. Foram presos e também obrigados a sair do país músicos contestadores na sua arte, como Caetano Veloso, Gilberto Gil e Chico Buarque. Também partiram teatrólogos e cineastas engajados, como Augusto Boal, ou revolucionários, como José Celso Martinez Corrêa e Glauber Rocha. As obras de todos eles estavam entre as incontáveis canções, as 700 peças de teatro, os 500 filmes e os 430 livros — 92 escritos por brasileiros — proibidos pela ditadura.[4]

Editado em dezembro de 1968, o AI-5 acabou com as últimas amarras legais do Estado brasileiro e deu poderes extraordinários aos governos. Para calar a voz dos opositores, a repressão política, organizada nacionalmente, prendeu, torturou e assassinou. Deixou 434 mortos ou desaparecidos, torturou 20 mil prisioneiros e obrigou 7 mil a se exilar, mostra o levantamento da Comissão da Verdade, criada pelo governo Dilma Rousseff.

Saindo do ambiente pesado e perigoso das ditaduras, os refugiados latino-americanos encontram em Paris a máxima excitação intelectual e cultural. A França ainda era a nação dos direitos humanos e, sua capital, a pátria dos exilados do mundo.

Doía deixar o país, amigos e família, mas era uma delícia ter vinte e poucos anos em Paris. Se no Brasil os estudantes eram expulsos da universidade por subversão, na mítica Sorbonne o diretor do meu curso de pós-graduação em Antropologia, Michel Jaulin, posava nu e com cocar na capa do livro que escreveu sobre índios da Amazônia. Um outro, da cadeira de Antropologia e Religião, acabara de fazer cabeça no candomblé e contava detalhadamente como se tornou filho de Oxalá, o Velho, na Bahia, usando algumas palavras em português com o inevitável sotaque francês. Os colegas vinham de todas as partes do mundo e eram das mais variadas etnias.

Andar pela cidade nos anos 1970 do século passado era como participar de um filme. Cheguei sozinha num trem noturno vindo de Lisboa, com uma indicação de hotel e alguns telefones. Foi o camareiro do *wagon-lit* — uma espécie de primeira classe nos trens noturnos — que me ensinou a andar de metrô, a pedir o *menu fixe* (uma maneira de comer bem pagando menos) e me levou para ver o Champs-Élysées, na época, o máximo do chique. Fiz todas as homenagens à Paris literária, engajada, revolucionária e boêmia que me encantava: fui ao La Coupole ver de longe Simone de Beauvoir e Sartre, frequentadores assíduos da *brasserie* cult entre intelectuais desde os loucos anos 1920. Escrevia cartões-postais na Closerie des Lilas (não existia e-mail nem WhatsApp), em cujas mesas plaquinhas homenageavam Ernest Hemingway, Scott Fitzgerald, Pablo Picasso, Salvador Dalí e até Lenin, frequentadores do boteco chique num passado contado nos livros que eu lera — foi da Closerie que saiu, faminto, o autor de *Adeus às armas* para, bem em frente, no Jardim de Luxemburgo, matar um pato, devorado logo depois no jantar em casa.

Era um tempo de luto pela derrota no Brasil e de excitação com o novo universo cultural e político vislumbrado na França. Solidão na terra estranha e encantamento com a liberdade reconquistada, esperança no futuro e frustração com o fim do sonho revolucionário. Entre múltiplas emoções contraditórias, oscilava o nosso coração.

Para Lena T., a derrota pesou forte. "A ideia era que iríamos ganhar ou, heroicamente, morrer. Perder, nunca", relembra, emocionando-se inesperadamente.

Lena e o companheiro, ambos gaúchos e recém-formados em Direito, pularam o movimento estudantil e entraram direto para uma organização clandestina. Como advogados, abriram um escritório numa região de muitas fábricas e atendiam os operários nas causas trabalhistas enquanto os cooptavam para a guerrilha. "Discutíamos o mundo e também o preço do porco que o carinha ia vender."

Filiaram-se à O. (conhecida como Ó Pontinho),[5] depois ao Partido Operário Comunista (POC) e à Vanguarda Armada Revolucionária Palmares (VAR-Palmares).[6] Rapidamente, trocaram a casa dos pais pelo primeiro "aparelho" — esconderijo, na linguagem da época —, onde, oficialmente, vivia um casal, mas na verdade abrigava seis jovens amontoados. Lá dentro, eles andavam sempre abaixados para não aparecer na janela.

"A gente só cooptava operários, mas a organização fazia assaltos. Eu mesma fiz só um assaltinho besta num bar para pegar dinheiro."

A organização desmoronou com a prisão em massa dos militantes. Lena T. e o companheiro ficaram isolados. Ela conseguiu contato com os pais e eles foram buscá-los. "Apareceram num fusquinha: minha mãe, de óculos escuros e lenço na cabeça, se disfarçando; meu pai pegando atalhos para evitar postos de polícia."

E assim foram até o Nordeste, onde a família passou um tempo meio escondida. Lena resolveu sair do Brasil, mas ela e o marido estavam sendo procurados pela polícia e foram presos ao buscarem o passaporte no Rio. Por pura sorte, foram soltos logo depois. Ele, na última hora, resolveu não ir embora. Lena foi sozinha, tinha 28 anos.

Falsificou todos os documentos, entrou num ônibus para o Chile e foi. O medo de ser descoberta fez de cada parada do ônibus um suplício. E, ainda por cima, chovia. "Lembro até hoje, eu no ônibus e aquele limpador batendo no vidro para um lado e outro. Lembro do som daquilo."

Estávamos em 1973. Desde 1970, quando o presidente Salvador Allende tomou posse, era para lá que iam os latino-americanos perseguidos nos países de origem, incluindo a maioria dos brasileiros. Três anos depois, o golpe contra o governo socialista de Allende estava em marcha e, quando Lena fez escala na Argentina, os outros brasileiros já estavam de saída do Chile, fugindo do sangrento regime implantado pelo general Augusto Pinochet. Ela soube que a França começara a dar asilo, e mudou imediatamente de rumo. O voo para Paris não podia passar por cima do Brasil e era um interminável parador.

"Entrava tripulação e saía tripulação, e eu lá, uma agonia. Cheguei a Paris e pirei. Ficava andando para cima e para baixo, não sabia para onde ir, não entendia onde estava. Não me lembro onde dormi na primeira noite, sei que fazia calor e eu andava com uma blusa de lã. Fui morar em Ivry,[7] alguma organização passou essa casa. Era um lugar horrendo, com papel de parede de flores amarelas. A gente ficava meio clandestina, meio nas organizações. A vida não fazia sentido nenhum. Carreira? Já era, tinha ido. Para quem sonhava revolucionar o mundo, era impossível se inserir nesse mundo."

Eliana chegou a Paris por caminhos diferentes. Era da turma da contracultura, aterrissou na cidade fugindo das drogas e do sufoco da ditadura. Morava na casa dos pais, no Leblon, era estudante de Psicologia e levava a vida da Zona Sul do Rio pós-AI-5, tempo em que apoiar a cultura era resistir à ditadura. Fazia curso de teatro na UFRJ e aulas de dança com o coreógrafo Lennie Dale; frequentava o Teatro Ipanema, onde o ator José Wilker, recém-chegado do Nordeste, bonito e talentosíssimo, emocionava o público no palco de *O arquiteto e o imperador da Assíria* e *A China é azul*. Ou ia ao Circo Voador, do ator Perfeito Fortuna, onde o anárquico grupo teatral Asdrúbal Trouxe o Trombone lançava talentos aos borbotões. Lá, estrearam no palco as atrizes Regina Casé, Fernanda Torres e Patrícia Travassos, sob a direção de Hamilton Vaz Pereira. Indispensável era ir à praia no Píer, rebatizado de Dunas da Gal, onde ela, os modernos e os artistas de vanguarda tinham encontro marcado até o pôr do sol. Um dos frequentadores assíduos, Jards Macalé, dá ideia do ambiente nas areias: "Era uma espécie de underground: todo mundo fumando maconha, cheirando cocaína, conversando, brincando. Aquele espaço era livre entre aspas, porque a repressão sempre ficou no entorno."[8]

De lá, a galera ia para Copacabana dançar no Terezão (o teatro Tereza Rachel), no encerramento do show *Fa-Tal*, de Gal Costa, então com 26 anos. Estávamos em 1971-72, e o poeta, letrista e teórico Waly Salomão era o diretor do espetáculo que transformou Gal na musa do desbunde. Recém-saído da prisão por porte de maconha, com suas antenas para o contemporâneo, captou o momento e congregou os dissidentes da esquerda armada, os revoltados com a ditadura, os artistas plásticos e os poetas. A mensagem tropicalisticamente transgressora de Caetano e Gil, já exilados em Londres, foi recebida e aprofundada politicamente por Waly. A bandeira da liberdade sexual se associou à revolução comportamental e à resistência ao poder militar. Ela unia dos Novos Baianos a Torquato Neto, Hélio Oiticica, Jorge Salomão, Luiz Carlos Maciel, Luciano Figueiredo, Luiz Melodia, Leila Diniz, Vera Barreto Leite, Susana Moraes, Eliana e muitos outros.

Há anos, Eliana tenta explicar o jeito que a turma do desbunde tinha de fazer política: "Músicos, atores, as pessoas todas mostravam-se contra a ditadura na afirmação da liberdade. Havia uma consciência de que a ditadura cerceava a vida de todos, havia a consciência de que a ditadura prendia e torturava, mas não éramos um movimento engajado numa organização política."

A repressão e a censura só aumentavam no Brasil. Proibiram até *O vermelho e o negro*, de Stendhal.[9] A polícia militar entrava em bares, parava carros nas ruas e, de metralhadora em punho, conferia documentos, revistava e interrogava as pessoas. Qualquer dúvida, o caminho era a cadeia.

Eliana partiu em 1975. Continuou defendendo a ideia de que a cultura era uma forma de resistência à ditadura, à censura e à repressão do corpo e dos afetos, de que engajar-se na revolução dos costumes era um ato político, e viu tudo isso, mais tarde, virar palavra de ordem dos movimentos feministas e LGBTs. Mas, no exílio, nos anos 1970, os desbundados, perseguidos pela direita no Brasil, eram olhados com desconfiança pela parte machista, homofóbica e conservadora da esquerda.

Eliana era vista como a desbundada. Eu também.

"Porque aí bate o preconceito das esquerdas", explica ela. "Se você não foi organizada, é uma desbundada e não tem consciência. Cheguei doida, achando que ia comprar pó, levar a minha vida doida do Rio. Mas, rapidamente, a poeira baixou, andava pelas ruas, aquele deslumbre. As livrarias eram uma loucura se comparadas com as do Brasil, onde tudo era proibido. Ficava encantada com as conversas, tudo o que não sabia aqui sobre o Brasil aprendi em três dias. Isso mudou a minha vida e mudou muito rápido. Me inscrevi na Universidade de Vincennes, mas não sabia o que fazer ainda."

Todas, ou quase todas, nos matriculamos em universidades. Eram públicas e centros de excelência. Bastava apresentar atestado de escolaridade para revalidar os diplomas brasileiros e se matricular nas várias seções da Universidade de Paris, antiga Sorbonne. No Institut d'Études du Développement Économique et Social (IEDES), o diretor estava pronto para ajudar os refugiados e aceitava todos como estudantes, mesmo se faltassem papéis. Betânia foi outra que lá encontrou gente do mundo todo, colegas vindas da África, do Iraque, uma diversidade inexistente nas universidades brasileiras. "A polêmica se instalava como prática do aprendizado", lembra. Já no Brasil, divergências de opinião eram motivo para expulsão dos estudantes, com base no Decreto 477, que criava um rito sumário para desligar das universidades alunos, professores e funcionários por atos considerados "subversivos" — na prática, mais uma arma da ditadura para silenciar o pensamento não alinhado.

Em Paris, tínhamos aulas com alguns dos mitos da academia brasileira na época: era completamente possível ser aceito como *auditeur libre* nos cursos de Michel Foucault e Claude Lévi-Strauss no Collège de France, templo da cultura acadêmica francesa. Ou do cultuadíssimo diretor Jean-Luc Godard, que lecionava em Vincennes e sempre chegava dizendo-se apressado, mas, para delícia dos alunos, ficava horas contando histórias de filmes e filmagens.

O engajamento dos intelectuais franceses com os refugiados ajudava a criar intimidade com a cidade, apesar de sabermos que a polícia vigiava de longe essa movimentação e mantinha relações estreitas com a ditadura brasileira. "Generoso no asilo, o governo francês era severo na vigilância dos exilados e cordial nas relações com a embaixada brasileira", relata o jornalista Elio Gaspari, em *A ditadura acabada*.[10]

Em janeiro de 1974, a França recebeu 1.500 exilados brasileiros, enquanto EUA, Alemanha do Leste, Grã-Bretanha e países do Leste Europeu, juntos, acolheram cerca de 400.[11] Os franceses tinham acabado de passar por uma eleição presidencial (após a morte súbita do presidente Georges Pompidou) em que a esquerda — representada por François Mitterrand — perdera por pouquíssimos votos. O vencedor, Valéry Giscard d'Estaing, foi "docemente" pressionado por intelectuais, organizações de direitos humanos, sindicatos e igrejas para receber com braços mais abertos os exilados do Chile. Suprimiu a cota de refugiados, abriu um pouco mais as fronteiras do país e criou uma política de apoio aos recém-chegados do Chile — o governo financiava aulas de francês por três meses, distribuía uma diária de dez francos, dava *carte de séjour*,[12] emitida com base na declaração dos refugiados, já que a maioria não tinha documentos.

Esta solidariedade era ambígua. Paris honrava a fama de pátria de exilados do mundo, recebeu bem os brasileiros expulsos pela ditadura do Brasil e do Chile, mas foi igualmente acolhedora com as autoridades que os perseguiam. Negociava caças Mirages com a Força Aérea Brasileira, exportação com cacife para evitar críticas explícitas de seus governantes aos torturadores brasileiros. Quase oficial foi a exportação para a América Latina da doutrina militar francesa, batizada de "guerra antissubversiva", método cuja arma principal era também a tortura. Ele fora sistematizado após a derrota do Exército francês na guerra de independência da Argélia, e ensinado, nos anos 1960, a brasileiros, chilenos e uruguaios.

As denúncias dos crimes da ditadura no Brasil, porém, ecoavam na mídia e materializavam-se em protestos no Parlamento francês e nas ruas de Paris. O governo militar tachava os protestos de campanha de difamação do Brasil no exterior, mas a verdade é que dossiês inteiros sobre a vida do crítico de arte Mário Pedrosa, do escritor Josué de Castro e do jornalista Samuel Wainer foram encontrados, na embaixada em Paris, pelo historiador Paulo César Gomes.[13]

A cada peripécia do venezuelano Carlôs — como os franceses pronunciavam o nome do militante da esquerda armada internacional —, a polícia prendia e submetia a interrogatórios os muitos brasileiros chamados Carlos. À procura de Chacal — como o venezuelano também era conhecido —, os policiais investigavam os locais de concentração de brasileiros, fossem eles a universidade ou a pequena cidade de Lignorelles, onde muitos de nós participávamos da colheita de uvas do vinho Petit Chablis para conseguir dinheiro extra antes de começar o ano letivo.

III

A dança dos exílios

As exiladas brasileiras chegavam de muitos lugares. Glorinha, vinda da Suécia, estava se separando, mas comemorava a possibilidade de largar a vida de faxineira e voltar a ser estudante. Saíra do Brasil com o companheiro em 1971, ambos perseguidos pela ditadura militar. Ela era do MR-8,[14] ele, da VAR-Palmares. Ela vivia na clandestinidade, ele na semilegalidade. Os dois foram de ônibus para Buenos Aires, sendo recebidos pelos *montoneros*, organização guerrilheira argentina ligada à ala esquerda do peronismo. Ao chegarem, foram avisados de que não era seguro ficar por lá, pois um golpe era previsto para breve. Seguiram para o Chile, atraídos pelos ventos de liberdade e mudança soprando na cordilheira. Durou pouco, a derrubada do governo democrático no Chile foi outro duro golpe. "Além da cruenta destruição de uma riquíssima experiência político-social, Glória perdeu quase três anos de trabalho. Foram centenas de fotos do dia a dia e de momentos dramáticos da realidade chilena; equipamento, laboratório, livros, tudo teve de ser deixado para trás. Expulsa da América Latina, o jeito foi recomeçar na Europa", narra Ernesto Soto, seu marido e companheiro nesse périplo, em *Glória Ferreira*: fotografias de uma amadora,[15] livro de fotos dela.

Esta era uma maldição, sempre recomeçar do zero. A cada mudança, a cada golpe de Estado, era preciso fazer o passado caber numa mala, quando dava tempo e jeito de levar bagagem. Fantasiava-se uma casa portátil, que, ao primeiro sinal de perigo, podia ser carregada para um novo destino e remontada. No Chile, não deu nem para pegar os documentos, foi só bater a porta e partir com a roupa do corpo.

Além de Glória, Lena G. e América também viveram o golpe chileno e, ao aterrissarem em Paris, as três tinham perambulado pelo mundo, quase sempre sem lenço e, literalmente, sem documentos. América havia começado a militar no Partido Comunista muito cedo, passara para o Partido Operário Comunista (POC, de tendência trotskista) e depois para a Organização Revolucionária Marxista Política Operária (Polop).[16] Saiu de Porto Alegre para São Paulo já fugindo da polícia: não pegou em armas, era a secretária financeira das organizações, mas foi condenada, à revelia, a quatro anos de cadeia. Era 1970, a Polop se esfacelava. Como a maioria dos seus integrantes, ela foi para o Chile. Lá, trabalhava no Codelco (Corporação do Cobre), e, na Cepal,[17] estava seu marido, Liszt Vieira — um dos quarenta presos políticos libertados em troca do embaixador alemão Ehrenfried von Holleben, sequestrado no Brasil em 1970 por grupos da esquerda armada.

"A casa estava tão ajeitadinha, a vida arrumada, pensamos que íamos viver anos no Chile", suspira América ao lembrar do abandono forçado da vida chilena. O exército ocupou o prédio onde ficavam os apartamentos dela e de Lena G., a uma quadra do La Moneda, o palácio presidencial bombardeado pelo exército. América não voltou mais para casa, Lena pegou um pacote de fraldas e saiu com o bebê de um ano e um mês no colo. Pouco antes, os *carabineros* tinham invadido sua casa, levado preso um companheiro e dito a ela que só não iria junto para a prisão por causa da criança.

"Fiquei com medo, claro. Mas estranhamente calma. Quando a situação é catastrófica, fico fria", diz Lena G.

Glória e o marido bateram a porta de casa para sempre dois dias depois do golpe. Ela entrou com facilidade na embaixada da Argentina, mas ele foi barrado pelo porteiro. Ficou rodando por ali até que viu uma portinha aberta, traçou uma reta e só parou lá dentro. "Era apavorante, a vida podia acabar em um segundo", lembra Glória.

Lena G. inventou uma história de amor triste para sensibilizar o guardinha da embaixada argentina: o marido a trocara por uma chilena, ela estava se preparando para voltar ao Brasil quando o golpe aconteceu. Com um bebê no colo e uma sacola de fraldas no ombro, Lena era convincente e comovente. A porta foi aberta para a jovem senhora. "Entrei na embaixada pela frente", sorri Lena hoje ao lembrar da história.

Nos dias após o golpe, quando chilenos e estrangeiros perceberam a impossibilidade de resistir à ditadura que se impunha com uma violência sem limites, as embaixadas tornaram-se a única proteção possível. O governo Pinochet estimulava os chilenos a denunciar os estrangeiros, os *carabineros* fechavam as ruas, cercavam prédios e invadiam os apartamentos dos inimigos, uma categoria muito abrangente. O golpe chileno foi condenado pelos países democráticos ao redor do mundo e, no início desses tempos tenebrosos, as rádios anunciavam as embaixadas abertas para acolher os perseguidos pela repressão: Suécia, Argentina, França e Panamá receberam algumas centenas de dissidentes. Isso durou pouco mais de uma semana, logo depois a lotação esgotou nesses casarões protegidos pela lei internacional e os *carabineros* cercaram as entradas dos prédios. A partir daí, o jeito era esperar anoitecer e pular o muro. E fazer isso tudo antes do toque de recolher.

América fez a contagem: na embaixada argentina, eram 650 adultos, 150 crianças e cada vez chegava mais gente àquela típica casa das representações estrangeiras nos países latino-americanos, dois andares, jardins, muitos salões e poucos quartos, agora habitados por centenas de pessoas vivendo juntas e recém-saídas da zona de tiro.

O embaixador da Argentina estava em seu país, os refugiados foram recebidos pelo ministro-conselheiro. Eram centenas de brasileiros, chilenos, bolivianos, equatorianos e uruguaios que simplesmente assinavam o nome ao chegar e liam a lista dos já abrigados em busca de companheiros sumidos sem deixar rastro. Muitos deram o nome de guerra: a clandestinidade deixara marcas difíceis de serem apagadas e a segurança deles ainda estava em risco.

O novo cotidiano organizou-se rapidamente. A ideia era baixar a tensão, superar os medos, evitar traumas para as crianças. Uma rotina artificialmente normal se estabeleceu. As empregadas demitiram-se, aborrecidas com a confusão, e coube aos recém-chegados tratar da casa e da comida. Criou-se a turma da limpeza, a da cozinha, a que fazia pão, a que lavava louça, a que brincava com as crianças na creche improvisada. Os poucos quartos foram rapidamente ocupados, mas um enorme salão abaixo da "área vip" foi destinado a mães com filhos, todos acomodados em colchões, um bem do ladinho do outro. Assim que as crianças dormiam, mães, pais, solteiros e "casados" saíam para encontrar amigos, fazer serestas no jardim e namorar. Os *tupamaros*, organização da esquerda uruguaia, arrombaram a adega da embaixada e as noites ficaram mais animadas. No início, apenas trinta ou quarenta participavam da "festa", com comidas finas e boas bebidas, mas, depois que o estoque estava reduzido à metade, todos foram convidados a participar dos embalos noturnos.

Dormia-se pelos jardins e por onde desse, mas tudo escalonado: o lugar dos casados, o dos que dormiam cedo e acordavam cedo, os solteiros, cada um encontrava a sua turma. Mudanças de turma e de namorados eram frequentes, havia o que se chamava de "mocó", espaço reservado para jogos eróticos e relações sexuais. Na maioria das vezes, tudo na paz e, a qualquer sinal de tumulto, o grupo da segurança intervinha com elegância. Uma das brigas foi motivada pelo roubo de um livro do Fernando Pessoa, que deixou seu dono e leitor fervoroso bastante irritado com o principal suspeito.

Um *baby boom* aconteceu e o espaço disponível ficou menor ainda. Na hora do parto, as grávidas iam para o hospital transportadas por carros da embaixada, considerados extensão do território estrangeiro e, portanto, invioláveis. O parto era acompanhado de longe por diplomatas e, ao voltarem com seus bebês, as mães tinham tratamento preferencial: um espaço delimitado só para elas e os recém-nascidos, com banheiro privativo.

Na hora das refeições, a chamada para pegar o prato de comida era também por grupos. Primeiro, grávidas e velhos, depois crianças com as mães, e assim por diante. Se sobrava comida, gritava-se: "Repetição!" E recomeçava a chamada. Tudo era em grupo, mesmo o banho. Uma vez, quando uma vizinha de pia pediu a escova de dentes emprestada, ela acabou sendo usada por dez pessoas. E todos acharam engraçado.

As moças trocavam roupas umas com as outras para variar o *look*, a cozinheira levava água oxigenada para a revolucionária retocar o cabelo. A cultura da militância inspirou as regras de convivência. Nas manhãs, alguns dos intelectuais do grupo davam aulas sobre a história das revoluções. Todo fim de tarde, a turma da imprensa transmitia as notícias que conseguiam captar em radinhos escondidos, mas, à medida que o noticiário sobre o Brasil foi virando um filme de terror, as pessoas começaram a chorar, a deprimir-se e, com isso, a atividade jornalística foi suspensa. Os paramédicos e médicos atendiam os doentes e ainda tinha um grupo para cuidar dos que "piravam". Glória era uma das encarregadas de tomar conta deles: "Uma vez, fiquei conversando, esqueci tudo em volta e, quando vimos, os louquinhos já estavam no muro tentando pular pra fora."

O perigo morava ao lado. Os novos moradores da embaixada não podiam chegar à janela ou perto do portão. Do lado de fora, *carabineros* armados espreitavam as saídas e os movimentos no casarão. O tempo foi passando, a espera tornou-se angustiante e a falta de perspectiva, insuportável. As crianças, ensinadas pelos experientes ativistas, partiram para quebrar alguns dos lustres dos salões, numa tática de pressão sobre os diplomatas e seus governos para que agissem e os tirassem dali.

América também fez a conta do tempo passado lá: foram 53 dias na embaixada até sair do Chile. Para Lena G., durou de setembro a novembro de 1973. De repente, todos foram avisados de que deveriam partir. Saíram em vários ônibus com escolta, foram acomodados em aviões, sem ter ideia de qual seria o próximo destino e o futuro que os aguardava. O medo e a tensão eram grandes diante da possibilidade de serem entregues à ditadura brasileira. Para alívio de todos, acabaram desembarcando em Buenos Aires e alojados num ex-hospital psiquiátrico, batizado de "nosocômio". Não era nada idílico, mas lá tinham liberdade de ir e vir, uma alegria depois de tanto tempo trancados e observados à curta distância por algozes armados. Agora podiam receber visitas, e as famílias vieram do Brasil para vê-los, mas cabia a cada um conseguir um país de asilo. América pediu ajuda a uma amiga alemã, de esquerda, que pouco antes do golpe a visitara no Chile. Foi parar na Alemanha, primeiro em Frankfurt, depois em Osthofen, ex-campo de concentração, onde era assombrada por gritos e choros. Já grávida de sete meses, ainda passou por Mainz antes de ir morar com a mesma amiga em Berlim por um ano.

Lena G. saiu da embaixada para a Argentina com um novo companheiro e, enquanto os dois negociavam asilo na França, teve de enfrentar a doença da filha ainda bebê e tomar a difícil decisão de entregá-la à mãe para receber cuidados no Brasil: "Não sabia quanto tempo íamos ficar na estrada."

De peruca loura, a estrada para Lena G. começou quando ela e o namorado pegaram um avião de São Paulo para o Rio Grande do Sul e, de lá, uma voadeira para Buenos Aires. Na verdade, a saga teve início pouco antes, ao ser presa. Um amigo da faculdade, apaixonado por ela e meio namorado, pediu para deixar guardado na casa da mãe de Lena, onde ela morava, um pacote com dinheiro e munição. Disse que um companheiro estava em perigo. Ela concordou em ficar com o embrulho comprometedor, e, dois dias depois, o namorado pegou as armas e o dinheiro de volta, mas logo voltou acompanhado pela polícia. Lena G. passou cinco dias na Oban; não foi torturada, pelo menos não fisicamente.

"Escutei a tortura de todo mundo, foram cinco dias ouvindo gritos", conta ela, que manteve sempre a mesma versão: guardara o pacote sem saber o que tinha dentro. Saiu destruída: "Parecia um bebê, não conseguia dar um passo sem a minha mãe, parei a faculdade, parei tudo."

Quando chegou a intimação, agora oficial, para comparecer ao Dops, teve certeza de que não conseguiria depor:

"Isso eu não vou aguentar."

As famílias juntaram dinheiro e ela foi para a Argentina com o namorado, um outro, não o do pacote. Os dois tinham apenas a carteira de identidade como documento.

A ideia era passar um tempo, ver se as coisas se acalmavam, e voltar. Uma vez fora do país, tornou-se culpada de tudo.

"Lena G. virou uma espécie de musa da polícia", ri Lena T. ao lembrar dos múltiplos casos em que o nome da companheira foi revelado por militantes presos, partindo do princípio de que ela já estava a salvo da ditadura. Com isso, a volta ao Brasil ficou impossível.

Como o país de origem deixara de ser uma opção, o casal decidiu trocar a Argentina pelo Chile, entusiasmado com o governo de Salvador Allende. Lena G., jogadora de vôlei no Brasil, passou a treinar com a seleção chilena e a trabalhar na companhia de um empresário ligado ao esporte. Ficou grávida, mas não fez aborto porque tivera, pouco antes, enorme infecção causada pela intervenção de uma "fazedora de anjos" argentina. Casou-se para satisfazer a família e a mãe foi à cerimônia civil. "Levou de presente um *tailleur*, roupa de mulher casada", Lena se recorda, rindo, até hoje.

A estabilidade durou pouco. Já com uma barriga de sete meses, o pai do bebê comunicou que estava apaixonado e só ficaria em casa até o nascimento da criança. "Eu disse 'não, vai fazer sua mala e sair agora'. A relação era muito aberta, sabemos que o amor é livre, mas tem coisas que a gente não faz", repete mais de cinco décadas depois, sem duvidar de que tomou a decisão correta.

Kenia nasceu e, na hora de fugir, era só Lena e o bebê. O ex-marido soube do nascimento da filha por terceiros. Ele ficou preso no Estádio Nacional do Chile e viu muita gente ser executada. Usado como prisão por três meses depois do golpe, o estádio hoje está todo pintado de azul e vermelho, mas a galeria 5 manteve-se como no passado: cinza, de madeira, com grades. E uma grande faixa alerta: "Povo sem memória é um povo morto." Para não esquecer o terror do passado, um tour relembra os crimes cometidos pela ditadura contra os milhares de presos levados para lá, muitos deles torturados e assassinados.

As organizações brasileiras de esquerda procuraram tirar do Chile os mais encrencados com a ditadura no Brasil. Desde 1969, no governo do general Garrastazu Médici — o terceiro ditador —, o Estado brasileiro começara a política de repressão transnacional, dedicada a acompanhar, seguir, perseguir ou fazer desaparecer dissidentes do regime fora das fronteiras do país. Para isso, criou no Itamaraty o Centro de Informações do Exterior (Ciex), alimentado pelas embaixadas do Brasil e pela espionagem de agentes do Serviço Nacional de Informações (SNI) lotados no exterior. Nessa época, era no Chile onde estava concentrada a mais forte estrutura de repressão das embaixadas e consulados, com reforço no time de diplomatas atrelados ao regime. A preocupação do regime militar era impedir que os exilados criassem uma rede para denunciar a ditadura internacionalmente. A tentativa foi inútil, os crimes do regime militar foram amplificados em jornais, parlamentos e movimentos de direitos humanos ao redor do mundo.

Glória e outros "encrencados" estavam na primeira turma a sair da embaixada e a viajar do Chile para Buenos Aires. Ao chegarem, ficaram presos por dez dias no aeroporto de Ezeiza: as autoridades não sabiam o que fazer com aqueles primeiros estrangeiros vindos do Chile.

O clima estava tenso. Cerca de três meses antes, no dia 20 de junho de 1973, acontecera o chamado Massacre de Ezeiza. Atiradores de elite abriram fogo contra a multidão, cerca de 3 milhões de pessoas que estavam no aeroporto aguardando a volta do ex-presidente Juan Domingo Perón, há dezoito anos no exílio, na Espanha. Eram duas correntes do peronismo se enfrentando: a ala da direita planejou e executou a ação contra os *montoneros*. Os *snipers* abriram fogo da tribuna onde Perón iria discursar, deixando pelo menos treze mortos e 365 feridos — segundo o *Clarín*, o mais tradicional jornal argentino, o número foi muito maior, mas não houve investigação oficial.

A fase ainda era de transição entre o governo de Héctor Cámpora e o de Perón. O líder populista flertava com a possibilidade de um governo simpático à esquerda e concedeu o "direito de território" aos estrangeiros fugidos do Chile, isto é, eles poderiam ficar na Argentina até acharem um país que lhes desse asilo. Mas tinham de se virar sozinhos.

A preferência dos brasileiros era continuar na América Latina, porém o continente estava tomado por ditaduras. Enquanto negociavam a próxima parada, a ala progressista da Igreja levou-os para um convento. Foi um respiro: puderam contatar as famílias e receber visitas. Entre os visitantes, apareceu um velho amigo de todos, Lúcio Flávio Uchoa Regueira, ex-preso político brasileiro, um dos setenta trocados pelo embaixador suíço Giovanni Enrico Bucher[18] e já asilado na Suécia. Ele chegou muito compenetrado, encarnando o papel de representante da Anistia Internacional e sendo chamado pelas autoridades argentinas de *señor* Regueira. Não durou muito o disfarce.

"Tochinha", gritou Vera Sílvia, usando o apelido dos íntimos. Ele fingiu que não ouviu e deu uma boa notícia: negociara com a Suécia o acolhimento do primeiro grupo de brasileiros. Tocha teve o caminho aberto pelo embaixador da Suécia, diplomata considerado corajoso e eficaz ao salvar vidas de perseguidos pelos militares golpistas. Os números do Alto Comissariado das Nações Unidas para Refugiados (ACNUR) indicam que, em 1973, a Suécia recebeu 63% do total dos refugiados vindos do Chile, seguida pela França e Suíça.[19]

Os brasileiros tiveram autorização para viajar. Aterrissaram em Estocolmo e, depois de uma noite, foram para um campo de refugiados em Alvesta. Era no meio de lugar nenhum, coberto de neve, e a depressão pairava no ar. A intenção das autoridades era colocá-los para trabalhar em fábricas e a primeira vitória do grupo na terra estranha foi fazer os suecos entenderem que ali havia intelectuais, estudantes e ativistas políticos, cujo sonho era voltar ao Brasil o mais cedo possível para prosseguir na luta contra a ditadura.

Foram todos matriculados em cursos de sueco, nos quais homens e mulheres, considerados perigosos pela ditadura brasileira e chilena, abriam janelas, apontavam o próprio nariz para mostrar à professora a compreensão das primeiras palavras do idioma em que passariam a se comunicar. Para espantar a angústia, alguns saíam na neve uivando para o céu...

As diferenças culturais eram enormes: no Natal, com a intenção de dar conforto afetivo aos expatriados, a esquerda sueca publicou um anúncio no jornal: "Aceite um refugiado nesta festa." Glória lembra do estranhamento sentido diante daquela situação. "Nós não sabíamos e, de repente, começaram a chegar cartas: 'queremos um refugiado que cante', ou 'queremos um com crianças'. Alguns aceitaram o convite e não foi uma noite feliz."

Mais que livros, trabalho, casa, roupinhas, lembranças acumuladas e deixadas para trás a cada mudança, era um passaporte o objeto mítico, aquele insubstituível, a ser preservado ou reconquistado a qualquer preço. Ter documento de novo era sinal de cidadania recuperada, ainda que parcialmente. Na Europa, os asilados recebiam o passaporte de refugiado da ONU, o único ornado com capa jeans e duas tarjas pretas em diagonal no alto do documento, com um carimbo bem grande: refugiado político.

Era um objeto de desejo, embora fosse encrenca certa nas fronteiras. Inevitavelmente, os guardas faziam mais perguntas ou levavam o pobre exilado para uma sala à espera de investigações. Durava horas, era tenso, podia terminar com deportação ou prisão temporária.

A cultura da clandestinidade ajudou a sair do impasse: o velho passaporte brasileiro passou a ser reativado. Falsificá-lo era simples: o documento tinha um espaço em que os consulados escreviam a mão a nova data de validade, assinavam e carimbavam. Bastava uma tampinha de Coca-Cola para servir como carimbo, uma assinatura com rabiscos e estava revalidado o passaporte por mais dois anos. Com isso, terminava o pesadelo do trânsito pelas fronteiras, inclusive por aquelas que barravam a entrada de qualquer viajante com passaporte da ONU — a Grécia e a Grã-Bretanha eram inflexíveis, impediam a entrada de todos com o documento tarjado de preto.

IV

Do patriarcado à revolução sexual

A chegada a Paris e a descoberta do feminismo revolucionaram a vida das jovens exiladas brasileiras. As mulheres nas ruas parisienses, com suas palavras de ordem libertárias e irônicas, mexiam com a cabeça das recém-chegadas. A vida ainda demorou para se estabilizar, se é que isso aconteceu em algum momento. Na Europa e nos Estados Unidos, a luta das mulheres alimentava-se das utopias, dos sonhos de transformação e de liberdade da década de 1960. As feministas francesas estavam em toda a parte, contestando tradições de séculos, desafiando a lei e defendendo um futuro com igualdade de gênero. O feminismo já avançara como reflexão, produção de conhecimento e ação política. Os centros de estudos da mulher começaram a ser criados nas universidades, as pesquisas de gênero entraram nas bibliografias.

Na França, era quase uma obrigação ostentar "grupos de mulheres" em sindicatos, empresas, associações profissionais e estudantis: sem a presença de homens, pela primeira vez elas falavam de suas vidas, tocavam em assuntos íntimos até então interditados mesmo entre mulheres. Debatiam o tratamento recebido nos lugares de trabalho e levavam suas reivindicações ao comando de empresas e sindicatos. Na academia, o feminismo estava no currículo; no curso de História, aprendia-se sobre o papel das "Mulheres na Revolução"; no campus, havia uma célula do Mouvement pour la liberté de l'avortement et de la contraception [Movimento pela liberação do aborto e da contracepção] (MLAC). "Respirava-se feminismo", conta a então aluna de Antropologia e hoje professora e escritora Sonia Giacomini, autora de *Profissão mulata*,[20] um livro que já virou referência na área.

O MLAC era talvez o grupo mais radical do feminismo francês. Elas não só defendiam o aborto, livre e gratuito, como faziam abortos nas agências de planejamento familiar, uma organização feminista com o mesmo foco. Era ilegal, e daí? Sair da clandestinidade foi uma escolha consciente.

Ônibus cobertos de panfletos e cartazes, nos quais se lia "MLAC TOUR", faziam propaganda e transportavam semanalmente cerca de cem mulheres grávidas para fazer abortos na Holanda, onde a prática era legalizada. Depois, elas diziam abertamente "Eu abortei", e os médicos repetiam "Eu faço abortos". Nada era escondido e, para ficar ainda mais público, a revista *Le Nouvel Observateur* veiculou um manifesto com assinaturas de 343 mulheres — entre elas, celebridades como Simone de Beauvoir e Catherine Deneuve — repetindo a mesma frase: "Eu já abortei." Para sempre conhecidas como as "343 *salopes*", algo como "as 343 safadas", conseguiram a adesão dos trabalhadores da saúde e, dois anos depois, uma lista de 331 médicos era publicada no *Le Monde*, todos anunciando que tinham ajudado ou realizado abortos em mulheres.

A lei era desafiada abertamente, com apoio de parte da opinião pública. A estratégia deu certo: em 1974, o aborto e a contracepção — proibidos desde 1920 — tornaram-se livres e gratuitos na França. A vitória foi comemorada com manifestações gigantes e lá estavam as faixas das exiladas: "Mulheres brasileiras, mesmo combate."

Com uma produção cuidadosa, o Círculo das Mulheres Brasileiras entrou em cena na Maison du Brésil, na Cité Universitaire, em 1975. Foi lá a primeira assembleia aberta do movimento feminista brasileiro em Paris. Neste primeiro ato, elas estavam inseguras, com medo de não ter respostas bem-estruturadas à pergunta que elas mesmas, provocativamente, estamparam no cartaz de abertura do evento: "O que andam tramando as mulheres nos grupos feministas?"

Num imenso painel, pequenas reproduções de quadros impressionistas mostravam que também na pintura estavam os reflexos do condicionamento das mulheres. Os Manet, Degas, Sisley e Van Gogh estampam modelos em posturas passivas, experimentando vestidos ou tocando piano. Quando ativas, estão cortando pão e legumes.

"Será que vai ser mal interpretado?", perguntava uma.

Ao lado dos impressionistas, a filosofia dos para-choques de caminhão era uma denúncia por si só: "Mulher é como carro, não se empresta", "Quando você bate numa mulher, você pode não saber por quê, mas ela sabe por que está apanhando", e assim por diante. Seguiam-se textos da disciplina de Moral e Cívica das escolas: "Nós devemos cultivar a castidade como o bem mais precioso." E tudo terminava numa questão de múltipla escolha: "A mulher deve ser: bonita ( ) inteligente ( )."

Também estava reproduzida uma carta do Centro das Mulheres Brasileiras exigindo do presidente Ernesto Geisel — o quarto ditador — que o jornal alternativo *Movimento* voltasse às bancas — havia sido apreendido pela polícia por publicar uma reportagem sobre trabalho feminino.

E assim, de forma inédita, elas tomaram a palavra como feministas diante dos companheiros da esquerda. Leram a carta política com os princípios do Círculo, aos quais todas as mulheres tinham de aderir, deixando lá sua assinatura. "Entre os critérios básicos do Círculo a que estamos ligadas, está a consciência da necessidade de a mulher se organizar autonomamente. É a consciência de que nossa opressão específica é fruto da luta de classes, o que faz da nossa luta parte integrante do movimento social de transformação da sociedade."

E discursaram: "Desde meninas, nós, mulheres, aprendemos a docilidade, a dedicação, a amabilidade, a minuciosidade, enfim, aprendemos a nossa natureza feminina. E mesmo que uma independência econômica crie novas condições objetivas para a nossa liberação, isso não é suficiente para romper valores 'naturalmente femininos', que nos delegam um papel submisso, passivo, dependente dos homens."

Ninguém lembra muito bem qual foi a reação da plateia, mas deve ter sido boa, porque, pouco depois, o Círculo já era um dos grupos políticos mais importantes no exterior. Nas assembleias, elas chegaram a reunir mais de cem militantes.

As lembranças de como tudo começou também são embaçadas. O mais provável é que a ideia tenha vindo das mulheres do Campanha, organização de esquerda forte no Chile e depois na Europa, a primeira a concentrar suas atividades em campanhas de denúncias no exterior, politizando o exílio e com influência de grupos feministas, ecologistas e de solidariedade internacional. No Círculo, elas eram maioria. Muitas outras vieram do MR-8, da Liga Comunista Revolucionária. Uniram-se a elas estudantes, mulheres de oposição à ditadura, mas não participantes de organizações.

Elas estavam muito ligadas à conjuntura no Brasil. Faziam campanha pela libertação das presas políticas e contra a tortura no país, assuntos que chegavam aos jornais europeus junto com as notícias de corpos de chilenos assassinados pela ditadura boiando no rio Bueno, em região mapuche.

Num panfleto de novembro de 1977, o Círculo pedia às francesas que mandassem telegramas e cartas ao presidente Geisel, propunham a criação de uma comissão de mulheres para visitar as prisioneiras políticas em todos os países da América Latina, nos quais "a opressão e a repressão à mulher estão reforçadas pelas ditaduras militares".

Ciosas da autonomia do feminismo, recusavam-se a ser correia de transmissão dos partidos de esquerda e seus comitês de mulheres, criados para que parecessem conectados ao espírito do tempo, mas sempre encarregados de tarefas subalternas.

A defesa da autonomia da luta das mulheres fez rolar muita tinta e muita briga. Elas continuavam militando nas organizações de esquerda e "o bicho pegava" quando se suspeitava de que funcionavam como arautos dos partidos no Círculo. Na prática, as feministas acoplaram o interesse pessoal e subjetivo ao social, o que fomentava discussões frenéticas. "A questão de classe é importante, mas ela está combinada com gênero, raça, idade, inserção social e vários marcadores identitários. Esta é uma maneira contemporânea de ver isso, mas naquela época não era", diz Sonia.

Embaladas pelas palavras das feministas francesas, elas denunciavam a divisão desigual do trabalho militante e das tarefas domésticas. E perderam a vergonha de dizer que maridos, namorados, companheiros "tinham uma prática revolucionária, mas não mudavam absolutamente nada na vida entre quatro paredes", como contou Regina Bruno em depoimento para o livro *Memórias das mulheres do exílio*.[21] No mesmo livro, Angela Muniz relembra: "Com o feminismo, recuperei a feminilidade. Antes, éramos combatentes, militantes, ou seja, um homem inferior."

A então socióloga e hoje artista plástica Sandra Macedo trabalhava no *Rouge*, jornal da Liga Comunista Revolucionária, quando, de surpresa, chegaram duas amigas brasileiras e a convidaram para participar do Círculo. "No *Rouge*, existiam vários coletivos Femmes, eu já conhecia as propostas do feminismo. Aderi logo. (...) Éramos muito prolixas, escrevíamos muito e, como algumas estavam na clandestinidade, os textos eram só assinados com uma inicial", conta Sandra, rindo, sem ter a menor ideia se o S no texto que acabara de ler era o do seu nome.

Corações desenhados nos rostos, corações abertos em reuniões, elas compartilhavam histórias de vida e reconheciam umas nas outras as mesmas insatisfações e desejos. Falavam de tudo o que, na época, era da esfera íntima: vida amorosa, ciúmes, sexo, assédio, violência, filhos. Descobriam-se com as mesmas insatisfações e desejos, dúvidas e ansiedades. Celebravam estar entre mulheres, a solidariedade e a sororidade.

Em apartamentos sempre mínimos, juntava-se o mulherio, todas falando ao mesmo tempo. Riam, choravam, discutiam, bebiam.

Eram as reuniões do *vécu*, ou "vivido", numa tradução imperfeita. Divididas em grupos de cinco ou seis, encontravam-se semanalmente, solidificavam as amizades e o sentido de pertencimento. O feminismo era construído a partir da reflexão sobre o cotidiano, o que ajudava a levar a vida nova e a traduzir a mistura de sentimentos trazidos com o exílio. Juntas, elas se reconheciam vulneráveis e tornavam-se fortes, unindo-se no ativismo e na nova maneira de se ver como mulher.

"O feminismo, com as reuniões do *vécu*, criou uma metodologia nova de construção do movimento, com lugar para o afeto. Esses espaços de reflexão estão no DNA dos movimentos feministas", diz Sandra.

Enquanto isso, namorados e maridos ficavam tensos. Tinham pavor da ideia de virarem assunto, de uma "brochada" se tornar pública ou de receberem a etiqueta de machistas. "O pau deles é tão importante que, para eles, nos reuníamos para falar disso, só pensávamos nisso", ironiza Sonia. "Até hoje, quarenta anos depois, os homens ainda falam do *vécu* fazendo bico e meio debochando."

Mensalmente, todas participavam das assembleias, onde relatavam descobertas e leituras, planejavam ações e campanhas, discutiam os temas do feminismo e a conjuntura brasileira. Cada um dos muitos subgrupos tinha uma representante, em rodízio, na coordenação, com autonomia para tomar decisões urgentes e tocar o dia a dia das tarefas do Círculo — mandar correspondência para os coletivos no Brasil, comprar os jornais feministas franceses para o arquivo etc.

"E morríamos de dançar, fazíamos festas, todo mundo bonito, alegre, namorando muito, exaustivamente. Nem sei como tínhamos tempo de fazer outras coisas", diz Sonia.

Na memória afetiva desse tempo, está também a Mutualité, lugar de muitos eventos políticos, onde se reuniam os grupos de mulheres, estudantes e exilados de diversos países morando na França. Numa reunião de latino-americanas com as feministas francesas, a Parole aux Femmes, Sandra e Regina Carvalho assumiram o microfone em nome do Círculo. O texto tinha sido escrito pelo coletivo, mas, para deixar claro o processo democrático no grupo, cada frase era lida por uma das duas, numa atitude propositadamente não convencional.

O slogan "Nosso corpo nos pertence" levou a explorações do próprio corpo. Aprenderam com o MLAC e o Planning — dois grupos feministas — a técnica de fazer aborto pelo método Karman, isto é, por sucção do feto. Na primeira fase do treinamento, a médica ligada ao Círculo ficou de cobaia e as meninas ensaiavam, no corpo dela, o toque vaginal usado para diagnosticar gravidez. Chegaram a fazer um aborto, também numa das companheiras feministas.

Exemplar dessa procura de autoconhecimento é o megassucesso editorial do *Our Bodies, Ourselves*.[22] A partir das reuniões do *vécu*, em que mulheres falavam da sua sexualidade, evocavam abortos e estupros, partos e masturbação, o grupo do Women's Lib de Boston pediu depoimentos e informações sobre a relação das mulheres com seus corpos. Foram acrescentados dados científicos, e todo o material tornou-se também uma forte contestação ao poder médico, autoritário e extremamente misógino.

Depois de um ano de trabalho, o manual — rapidamente elevado à categoria de Bíblia — foi lançado em Boston por uma pequena editora e esgotou 250 mil exemplares em poucos meses. Foi traduzido e adaptado em 32 países e, em quatro anos, vendeu 4 milhões de livros ao redor do mundo. Era um libelo contra a ideia de que mulher decente não tinha desejo e à prática masculina de ignorar o prazer da parceira. Não por acaso, o direito ao orgasmo era uma bandeira no início dos anos 1970.

Na França, o livro esteve presente nos coletivos de mulheres por três décadas e, em 2020, foi atualizado. No Brasil, só cinquenta anos depois, em 2021, o clássico feminista chegou, traduzido e adaptado à nossa realidade, com o título *Nossos corpos por nós mesmas*.

No Círculo, rapidamente se tornou indispensável. Entre as brasileiras, do subgrupo Corpo, serviu de inspiração para exercícios de autoconhecimento. Um deles era botar um espelho entre as pernas para olhar a própria vulva e o clitóris. Muitas nunca tinham se visto e conhecer o próprio corpo é básico para ir atrás do prazer nas relações sexuais ou na masturbação. Numa das assembleias abertas, as feministas brasileiras, provocadoras, fizeram uma exposição com slides mostrando sexos femininos: vulvas com grandes e pequenos lábios, clitóris, vaginas, uretras — sem pernas nem rostos, naturalmente. Os muitos formatos de pênis são sempre fotografados; era, pois, a hora de exibir os vários formatos dos órgãos sexuais femininos para demonstrar a importância do autoconhecimento do corpo, sobretudo numa sociedade patriarcal que o considera impuro. Foi um certo escândalo, mas a ideia era essa. "Nosso corpo nos pertence, olhem aqui o nosso corpo" era o subtexto da exposição.

O direito ao prazer tomou uma dimensão cada vez mais política. A liberação sexual era vivida no espaço privado, mas também se tornou um símbolo de ruptura e rebeldia. Havia um encontro entre os tempos da vida cotidiana e o da história, as palavras gritadas eram experimentadas no dia a dia.

Tamanha explosão de sexualidade foi vivida com muito prazer, mas também com algum sofrimento. Celebrava-se o amor livre, com Jean-Paul Sartre e Simone de Beauvoir, o casal mítico daqueles anos 1960, inspirando todas. As relações amorosas eram abertas, os ciúmes ficavam escondidos, o sentimento de posse deveria ser banido entre namorados, amantes ou nos casamentos. Namorava-se muito, ficava-se mais ainda, mas o exercício da liberdade despertava culpa, raiva e dor. Lena T. conta uma vez em que o marido sumiu por dois dias e, ao chegar em casa, considerou tudo muito natural. Na noite seguinte, foi ela quem não voltou e, ao aparecer de manhã, a casa estava cheia de cartazes pregados, confeccionados pelo companheiro: "Traidora", "Traição".

Simone de Beauvoir, em *Por uma moral da ambiguidade*,[23] já elaborara, em 1947, uma doutrina da liberdade, descrita por ela como uma libertação sempre recomeçada e um dilaceramento existencial.

"A causa da liberdade só pode triunfar através de sacrifícios singulares", avisava.

Betânia e as meninas do Círculo viviam esse conflito. Eram todas jovens de classe média em meio a uma revolução comportamental e política. Dois anos antes dos protestos de 1968 acabarem com as velhas certezas e mudarem a vida dos jovens, a cineasta Helena Solberg fez *A entrevista*, o primeiro filme feminista brasileiro. Nele, estudantes universitárias de classe média alta, pela primeira vez, falavam em voz alta sobre sexo, amor, casamento e profissão. Solberg entrevistou cinquenta jovens mulheres, mas só uma mostrou a cara, as outras 49 mantiveram-se anônimas, deram depoimentos trancadas no quarto, escondidas da família ou do marido. E ainda diziam coisas do tipo "eu sou contra sexo antes do casamento, acaba com o mistério", "esse negócio de muita liberdade, não dá certo", "as casadas não devem trabalhar, no máximo devem ter um hobby".

Dois anos depois, as mulheres ocidentais estavam nas ruas do mundo, muitas tornaram-se companheiras de arma e cama dos guerrilheiros, a virgindade deixou de ser assunto. Nos anos 1970, elas gritavam em manifestações: "Feminismo é revolução." E provocavam os machistas: em Roma, durante um protesto, as italianas, de dedo indicador em riste, bradavam em coro: "O dedo, o dedo, orgasmo garantido."

"Não é fácil viver a liberdade quando todas as referências anteriores que cercavam as mulheres eram modelos de repressão da vida sexual e amorosa. Vivi, como outras pessoas, esse conflito entre a dor e o prazer, o sofrimento e a alegria", diz Betânia.

A trajetória de Betânia é exemplar dessa imensa revolução acontecida no espaço de uma geração. Ela nasceu numa fazenda de cana, no interior de Alagoas, com forte dominação patriarcal, e hoje é uma conceituada pesquisadora e ativista feminista, com presença internacional.

A bebê virou feminista. "Eu sou parte da geração que rompeu com o destino reservado às mulheres. Às vezes, fico pensando o que foi a minha infância e adolescência; elas parecem ter acontecido num tempo remoto e pré-histórico. Passaram-se cinquenta, sessenta anos, estou com 73, mas a vida das mulheres mudou de maneira absolutamente irreversível."

Como parte de sua geração, ela saiu do Brasil em busca da liberdade, sufocada que estava pela ditadura. Fizera sociologia no final dos anos 1960 em Recife e, quando terminou a faculdade, a vida ficou muito difícil. Os amigos tinham ido embora do país e ela resolveu ir também. Era início de 1970 quando se autoexilou. Chegou a Paris sozinha, com alguns nomes de conhecidos no caderno de endereço e uma certa urgência em arranjar trabalho e dinheiro para sobreviver. Com francês claudicante, a filha da elite rural foi tomar conta das crianças de um casal de franceses. Levou um sustão. Com o modelo de babá brasileira na cabeça, ela se surpreendeu ao ser convidada para um fim de semana com os patrões nas montanhas e, em vez de tarefas domésticas, passou agradáveis três dias discutindo política, pescando trutas num riacho e cozinhando com eles. "Era tanta novidade. Primeiro, por fazer *baby-sitter*, depois, por encontrar patrões politizados e viajar com eles. Eram referências que não estavam na minha cabeça."

Ao procurar pessoas que conhecia, fez amigos ligados ao Campanha e começou a militar. Mas foi o feminismo que lhe aplacou a sensação de inadequação ao mundo, à família, às regras sociais. "O Círculo foi o lugar de acolhimento afetivo e espaço de reflexão. Foi também a descoberta de um sentido político para a revolta e a angústia que sentia com o modelo disponível para a vida das mulheres. De imediato, mudei o tema do meu doutorado e dirigi meus planos de futuro já ligados ao feminismo."

A vida cotidiana mudou junto. Foi uma explosão de liberdade. "A vida amorosa foi movimentada, mas sem um projeto amoroso, pensava mais na construção de uma vida autônoma do que na relação que ia construir com alguém. A primeira vez que vi as mulheres na rua, livres e com palavras de ordem libertárias, tive uma epifania", lembra.

O percurso de Glória também é simbólico das grandes mudanças vividas por parte das mulheres da geração 1968. Ela é a temporã de uma família de quatro filhos. Nasceu numa fazenda no Maranhão, quando o pai latifundiário já estava vendendo as terras e mais interessado em mulheres do que na pecuária. A mãe exigiu que ela fosse estudar em São Luiz, mas foi expulsa do internato de freiras e, depois, do colégio. Para a cultura maranhense, era uma menina-problema.

Veio para o Rio de Janeiro, já adolescente, morar com a irmã mais velha e o marido, um comunista à moda antiga, a quem chamava de "bai", uma corruptela de pai para evitar ciúmes na família. Entrou na faculdade de Engenharia e caiu no movimento estudantil.

"O bai dizia que essa história de luta armada era só desculpa da gente para trepar."

Um dia, Glória foi cobrir um ponto — encontro clandestino com alguém da organização —, ficou um pouco por ali, sentiu algo errado e dobrou a esquina de perna bamba. Num carro de polícia sem identificação, estava um companheiro preso, apanhando muito para mostrar quem era Marília, seu contato. "Era eu, virei a esquina, sem olhar pra trás."

Marília era um dos seus nomes de guerra mais bem-guardados. "Só soube o nome verdadeiro depois de estar vivendo com ela há muito tempo", diz Ernesto, seu marido da época, conhecido, por sua vez, como Pedrão.

Depois de todo o circuito do exílio — Brasil-Argentina-Chile-Argentina —, Glória chegou à Suécia, onde tomou contato pela primeira vez com o feminismo. Foi chamada para falar no Dia da Mulher e, tensa com o compromisso assumido, pediu a dois homens ajuda para escrever. Não sabia, mas se tratava de um interdito na liturgia das feministas. Ao discursar, disse que era guerrilheira e a luta das mulheres não podia complicar a luta pela liberdade, indo na linha oposta à autonomia defendida pelo movimento.

"Vi que foi ficando um silêncio absoluto. Aí elas tomaram o microfone e começaram os discursos feministas. Eu gostei."

Recebeu livros, panfletos, revistas. Quando chegou a Paris, entrou no Círculo já sabendo do básico. "Foi uma descoberta. Eu, como mulher, descobri que os problemas do mundo existiam também dentro da esquerda. Os homens eram autoritários, no relacionamento amoroso e na militância. A gente falava muito sobre a vida e o cotidiano, me descobri como mulher, isso mudou minha relação com as mulheres e os companheiros."

O roteiro do ativismo social em Paris incluía a Librairie Portugaise & Brésilienne — onde acompanhávamos os debates e os lançamentos brasileiros, assim como de outros latino-americanos —, e ainda havia a chance de encontrar o crítico de arte exilado Mário Pedrosa, presença de todo fim de tarde para uma conversa com o livreiro José Maria Rabêlo, já no terceiro exílio, com cinco filhos e a mulher. O percurso continuava na Maison du Brésil, na Cité Universitaire, no Quartier Latin, bairro onde aconteciam muitas das assembleias do Círculo; na rue Cabanis, onde eram realizadas as reuniões da esquerda com longas discussões sobre a conjuntura brasileira; no circuito Bastille/Nation, famoso pelas manifestações; e na Salle Wagram, local das festas para arrecadar dinheiro, dançar, namorar e ficar.

Cada uma foi, aos poucos, construindo a sua Paris, cheia de belezas, mas marcada por grandes doses de conservadorismo e xenofobia. Para estrangeiros sem dinheiro como nós, alugar um apartamento era trilhar o percurso de combatente. O melhor era herdar a casa e o contrato de algum amigo de partida da cidade, ou ir morar na casa de alguém com um quarto sobrando. As chegadas e partidas eram incessantes e as heranças iam tirando o jeito de aparelho das casas dos recém-chegados. Tinha um SOS informal que era acionado e se encarregava de espalhar a notícia e o socorro necessário com geladeiras, fogões e coisas do gênero.

O meu primeiro lugar fixo em Paris era um *studio,* cuja luz do dia tinha sido bloqueada pela construção de um prédio em frente. Restara um janelão dando para o pátio interno, ou seja, escuridão total. Ele ficava numa transversal da rue Mouffetard, um mercado a céu aberto, festivo e movimentado. Quando me instalei, no meio de setembro, o frio e a chuva estavam começando, a solidão apertava e receber cartas do Brasil era uma alegria. A *concierge* do meu prédio, meio maluca, percebeu isso e, bem cedo, batia na porta de casa todo dia para me acordar. Perversa, anunciava: "Helená, não tem carta pra você." E ria. Eu queria morrer. De raiva.

Não deu para continuar lá muito tempo. Depois de um *pit stop* de poucos meses em Montmartre, alugamos um lugar para duas, logo depois compartilhado por dois casais. Era um apartamento lindo de três quartos, um deles transformado em quarto de hóspedes, e nele moraram amigos recém-separados, recém-chegados, perdidos, ou em trânsito, como Lena G., já a caminho de Moçambique. "Casávamos muito porque estávamos longe das famílias — em geral, conservadoras — e, ao começar a namorar, não dava para manter duas casas", explica Lena. Ficamos acostumados com a vida em comunidade, aprendemos a transformar a hora de cozinhar em festa, entramos no ritmo francês.

Esse apartamento ficava na rue Montorgueil, também um mercado a céu aberto, em que todos se encontravam. Os peixeiros roubavam no peso a nosso favor, as meninas da padaria botavam muitos *croissants* extras no saquinho. Quando chegava por lá alguém não convencional, pedindo informações sobre moradores, indicavam a nossa casa. Na maioria das vezes, era mesmo um amigo nosso perdido.

Os personagens da rua eram maravilhosos: tinha um casal de mendigos bêbados que pegava a xepa da feira, brigava o tempo todo e era chamado de Romeu e Julieta. Ficava lá na rua também a senhora parecida com Indira Gandhi, vendedora de bilhetes de loteria, sempre contando como estava preocupada porque, se engordasse mais, não conseguiria entrar na casinha que lhe servia de loja. E o maravilhoso percussionista brasileiro Naná Vasconcelos, que trocava seus LPs por queijo, carne, peixe e vinho; era comparsa de Renê, o dono do bar em frente ao metrô Les Halles, que montou um estúdio com todos os instrumentos de percussão no subsolo, onde Naná ensaiava com os amigos de plateia.

A grana, para a maioria, era muito mais curta do que fora antes. Os mais ricos recebiam trezentos dólares do Brasil, os riquíssimos, seiscentos dólares, numa época em que o salário mínimo na França era muito maior. Como quase todos eram militantes, a cultura das reuniões era dominante, com constantes "balanços e perspectivas". As crianças imitavam os adultos e brincavam de fazer reuniões e, quando perguntadas na escola sobre o trabalho dos pais, respondiam: "Eles fazem reuniões."

Betânia e Eliana moravam juntas e tomavam conta de crianças. Betânia apaixonou-se pelas duas de quem cuidava, elas retribuíram o amor e até hoje todos se visitam. Trabalhávamos como recepcionistas nas feiras brasileiras em Paris, chatíssimas e mais ou menos bem-pagas. Éramos porteiros da noite em hotel, lanterninhas nos cinemas, ajudantes de cozinha em asilos ou restaurantes, fazíamos *vendange*, a colheita de uva. No verão, um dos roteiros era trabalhar como faxineira na Suécia: em um mês, ganhava-se dinheiro para belas férias na Grécia, o país de vida mais barata na Europa e com muitas ilhas paradisíacas. E ainda sobrava para reforçar as finanças durante o ano escolar. O trabalho subalterno nos tornava invisíveis para professores da universidade ou para os jornalistas do Dagens Nyheter, o grupo de comunicação onde fazíamos faxina — exatamente como no Brasil. A diferença era que a chefe da limpeza, casada com um operário da indústria automobilística sueca, tinha casa própria em Estocolmo e na então Iugoslávia, além de carro e barco para as férias no país de origem.

Programa incontornável era aproveitar os orelhões quebrados para falar de graça com o Brasil. Quase ninguém tinha telefone em casa, eram caríssimas as ligações internacionais e, claro, Skype e Zoom estavam a décadas de distância. Só que o horário na França era de três a cinco horas adiantado em relação ao do Brasil, o que tornava necessário esperar a chegada da noite em Paris para encontrar as pessoas em casa por aqui. Uns ouviam as conversas dos outros, os relatos sobre Paris eram sempre mais otimistas do que a realidade da vida de estrangeiros. Os dramas contados pela família do vizinho de fila angustiavam, dava medo de receber notícias horríveis. A fila era grande, o frio também, e as diferenças no cotidiano de lá e de cá aumentavam todos os dias. Betânia, em conversa com um amigo em Recife, contou que estava tiritando de frio na madrugada parisiense de zero grau, e ele, solidário, respondeu também que precisava até usar camiseta de manga por causa da temperatura. Virou piada entre nós. Recentemente, longa e detalhada pesquisa sobre a relação entre a França e a ditadura militar, feita pelo historiador Paulo César Gomes, revelou que a embaixada brasileira em Paris fazia escutas clandestinas das conversas dos brasileiros nesses orelhões.

A eterna procura por lugar para morar levou Lena G. e Glorinha para Robinson, um subúrbio de Paris a cerca de vinte minutos de RER, o metrô estendido para as periferias. Foram chamadas por um casal para cuidar dos dois filhos — Evelyn, 13 anos, e Renaud, 9 — enquanto eles iam trabalhar na América Latina. O pai dos meninos, físico nuclear e pacifista, resolvera abandonar tudo porque suas pesquisas estavam sendo usadas para fabricar armamentos. Ficaram as duas, com duas crianças e convidados frequentes, numa casa de três andares e uma bela adega de vinhos no subsolo. Foi lá que aconteceu a festa de Natal de 1975, transformada numa *rave* que durou até o réveillon de 1976. Vieram brasileiros e agregados de vários cantos da Europa — Suécia, Portugal, Bélgica e Reino Unido. Uns foram chamando os outros e, juntos, celebrávamos estar vivos, brindávamos à amizade e cantávamos o Brasil. João Bosco dominava a trilha sonora, abriam-se as garrafas a uma velocidade extraordinária, casais se formavam e se desfaziam. Lá pelas 8 horas da manhã, todos ainda dançavam nos jardins e a bebida tinha acabado. A adega estava liberada pelo dono da casa, que recomendara preservar só alguns poucos vinhos especialíssimos. Lena G. e Glória contam a mesma história: foram à adega, escolheram três garrafas sem rótulo, e abriram achando que era o pior vinho. Souberam depois que cada garrafa daquelas tinha cem anos. Ao voltar, o dono da casa foi elegante, só lamentou terem bebido preciosidades sem nem perceber.

A festa marcou o fim da primeira fase de adaptação dos exilados à nova realidade na Europa. Tinham escapado de morrer nas mãos da ditadura brasileira, sobreviveram ao golpe do Chile, e saíram da Argentina antes de os militares assumirem. Estavam vivos e continuavam juntos, duas constatações maravilhosas. A tristeza com a morte dos companheiros não ia passar nunca e, para os sobreviventes, ainda faltava reinventar a vida, esta frase que nos acompanha até hoje. A ditadura resistia muito mais do que o previsto e a volta para o Brasil era impossível a curto prazo.

V

Violência contra a mulher: dor e superação

Foi a primeira viagem de Eliana desde que chegara na Europa. Era verão, época em que todos saem de férias; Paris fica vazia e calorenta. Seu irmão iria à Alemanha ver a namorada, ela foi junto. A volta a Paris, planejou fazer de carona, hábito comum entre estudantes do civilizadíssimo continente. Já viajara um bom pedaço quando, num posto de gasolina na Bélgica, o terceiro motorista parou e ela entrou no carro. "O cara estava armado, desviou para dentro de um bosque e me estuprou. Achei que ia me matar. Eu estava deitada, minhas mãos amarradas e a arma ali do lado, me olhando."

O homem nem se despiu, usou a vareta de medir óleo de carro e uns gravetos do chão para estuprá-la. Ela ficou com a vagina muito machucada, ainda que na hora não tenha sentido nenhuma dor, de tão apavorada. "Uma hora ele desistiu, pegou o carro, foi embora e eu fiquei ali, naquele bosque da Bélgica, sem saber o que fazer."

Ao partir, o homem levou sua mala, a bolsa com dinheiro e o passaporte. "Levou tudo, fiquei ali com a roupa do corpo." Foi andando até chegar numa cidade — Charleroi —, procurou a polícia e contou o que acontecera. Os policiais levaram-na para o médico e um deles acolheu-a em casa, para ela tomar banho e comer, pediu à esposa que lhe comprasse roupas íntimas. Eliana recebeu um salvo-conduto, a passagem de trem e algum dinheiro para terminar a viagem. Na estação, o policial tentou tranquilizá-la: "Se não quiser contar o que sofreu para ninguém, para não prejudicar um eventual casamento, da minha boca não sai nada", disse ele, compungido.

"Ele estava preocupado de eu ter perdido a virgindade!"

A chegada a Paris, desta vez, foi cruel. A embaixada brasileira, ao saber da história, propôs a volta ao Brasil sob o argumento de que era complicado tirar outro passaporte no exterior — a embaixada funcionava como posto avançado da ditadura e os diplomatas achavam que, em Paris, todos os jovens brasileiros eram comunistas conspirando contra o regime.

Eliana estava zonza com o impacto da violência sofrida. Não conseguia ficar sozinha em casa, mas os amigos estavam todos de férias. Um remanescente na cidade a abrigou, emprestou-lhe um camisão e apresentou-a a uma amiga do Círculo.

"As portas se abriram. Saí do pessoal para colocar politicamente a questão da mulher, o porquê de a mulher estar sujeita a esta violência."

As feministas brasileiras transformaram sua dolorosa história na primeira campanha do Círculo. Foram conversar com o MLF e assim arranjaram uma advogada para se encarregar do caso na Bélgica. Seis meses depois, foram todas, brasileiras, francesas e belgas para o julgamento, com a firme intenção de condenar o violador. Nesse meio-tempo, a polícia encontrara o estuprador — um empresário belga baixinho — e restituíra o passaporte e a mala de Eliana. Ela viajou num carrinho modelo Quatre L, emprestado por um amigo e dirigido por Lena T., com as outras mulheres divididas entre os automóveis do pequeno comboio e empilhadas dentro deles. Em Bruxelas, no tribunal lotado, estava o sujeito que a violentara, mas ela pouco olhou para ele. O advogado do estuprador, ao contrário do esperado, não agrediu Eliana com aquela velha tática de culpar a vítima por ter pegado carona, por usar saia curta ou coisas do gênero. Claro que ela poderia estar vestida como bem entendesse e nada justificaria a violência criminosa, mas, no dia do ataque, usava jeans, camiseta e um camisão masculino por cima.

"Vocês têm toda razão de querer condená-lo, essa violência só é justificada por uma sociedade que vê a mulher à disposição do homem", disse o advogado. Mas havia um estratagema para desculpar seu cliente: ele teria problemas mentais, era um exibicionista de porta de escola e, pela primeira vez, fizera algo violento. O estuprador foi condenado a um ano, pena máxima por atentado ao pudor com violência, a ser cumprida em hospital psiquiátrico. Na época, pela legislação belga, estupro só se caracterizava quando havia "penetração do membro viril na cavidade vaginal".

"O julgamento foi ruim, mas foi bom. Eu praticamente não falei, ficou entre os advogados. Só o advogado não me agredir já foi um alívio", lembra Eliana.

Todo esse longo processo de conversas feministas, primeiro com as mulheres do Círculo, depois num auditório cheio de mulheres francesas e, mais tarde, com as belgas e as advogadas, levou Eliana a entender emocionalmente a violência que sofrera e, também, a enquadrá-la do ponto de vista social e político. Muito mais tarde, quinze anos de análise fecharam o caso em sua cabeça e em seu coração:

"A dor ficou, mas não como sofrimento cotidiano. E consegui politizar isso, não era uma questão minha, o problema era como o mundo via as mulheres e como o mundo achava que os homens podiam se comportar com as mulheres. Consegui ver o estupro como consequência do papel de submissão da mulher na sociedade. Entendi por que este tipo de violência é naturalizado pela culpabilização da vítima, pela preocupação do adorável policial belga com a minha virgindade, ou por frases banais, do tipo 'mulher não sabe dirigir'. Tudo estava dentro da mesma história: o patriarcalismo. E tudo isso criava um desconforto entre a minha pessoa e o papel da mulher."

O feminismo mudou a percepção de todas elas sobre a violência contra a mulher. "Ao saber da Eliana, minha primeira reação foi pensar: ela deu mole. Aí tivemos uma discussão no Círculo e foi enriquecedor. A gente não nasce com a cabeça feita, é muito forte o que veio antes", diz Lena G., fazendo autocrítica.

Era um tempo em que a vítima sempre era culpada. Isso mudou, radicalmente, sobretudo depois do movimento Me Too, em que as mulheres gritaram para o mundo o nome dos assediadores e violadores, levando muitos a serem julgados e condenados. Mas a violência continua.

Cinquenta anos se passaram e uma mulher é estuprada a cada oito minutos no Brasil, cerca de 180 por dia e 60 mil por ano.[24] As terríveis estatísticas mostram que meninas de até 11 anos são a maioria (56%) entre as vítimas de abuso sexual e 86% dos crimes acontecem dentro de casa, cometidos por pais, irmãos, padrastos ou tios.

Foi o que aconteceu com América. A palavra ainda não estava liberada, a vergonha e o silêncio eram difíceis de romper. Havia o medo de se expor e passar de vítima a culpada, ou de viver o repúdio das mães, frequentemente negando-se a acreditar em uma história de abuso sexual na família.

Esse roteiro atravessou a vida de América, da adolescência até depois da aposentadoria na Unicef, onde se tornou uma especialista e ativista na defesa dos direitos das crianças e adolescentes. Ensinada a ser durona, sua autoimagem de guerrilheira a impediu de compartilhar a dor do abuso sexual sofrido na adolescência. Ela simplesmente não conseguia falar sobre o passado:

"A formação gaúcha conservadora mais a cultura marxista me fizeram pensar que isso tinha de ser esquecido porque eu era uma militante política."

No Círculo, mantinha-se calada nas reuniões do *vécu*, em que as dificuldades da condição feminina eram compartilhadas em longas conversas e todas reconheciam umas nas outras as mesmas inquietações. "Pode ser que eu esteja com o olhar muito distante desse tempo, mas nunca senti acolhimento para falar", conta.

E sua dor continuou aguda após dez anos de análise na volta do exílio. Inesperadamente, no meio de um seminário, a couraça se rompeu e ela começou a chorar diante de um salão lotado na Associação Comercial de São Paulo, com uma plateia de juízes, promotores, advogados, acadêmicos. Era o ano de 2004 e América coordenava o encontro sobre exploração, abusos de crianças e adolescentes.

"Eu estava sentada à mesa, ao lado da Eva Faleiros [outra especialista no assunto]. Ela fez a palestra dela, começou a falar sobre o silêncio, a vergonha, a negação das mães e dos pais que não aceitam o abuso na família. Aí eu desmontei! Desandei a chorar, chorar, chorar, chorava compulsivamente... Ela me tirou da sala, foi lá pra fora comigo, tinha um banquinho perto do banheiro, nós sentamos, ela me abraçou e perguntou 'Quer falar?' e eu disse 'Quero'. E contei tudo."

Tinham-se passado décadas desde que América confiara à mãe seu segredo.

"Meu meio-irmão, o mais velho, filho só do meu pai, abusava de mim. Eu tinha sido mandada para estudar em Porto Alegre e fiquei morando com esse irmão e a cunhada, os dois recém-casados. Contei para a minha mãe e ela nunca acreditou em mim", relembra, ainda sofrida, mas já com menos raiva. "Meu pai morreu, eu era pequenininha, e minha mãe era uma jararaca, me maltratava, me chamava de burra, lamentava a hora que eu tinha nascido. Ela não gostava de mim. Tentei me matar aos 14 anos."

A falta de proteção da mãe naquele momento dramático ainda é a memória que mais dói. "Por que a separação do meu marido foi tão dolorosa? Não era com ele, era com a minha mãe, que nunca aceitou que eu tinha sido abusada sexualmente. O meu problema não era ele dormir com outras mulheres, e sim a minha sexualidade", conta, referindo-se ao fim do seu segundo casamento.

América tinha dois irmãos e uma irmã. Parte do passado da família, ela só soube quando a mãe estava perto da morte. "A gente sabia de uma história dolorosa na vida dela, mas não gostava de falar sobre isso. Gaúcha, né? Durona, ela e minhas tias."

A história da infância de sua mãe, a caçula entre onze filhos, era dramática. A avó de América morreu no parto. Criada pelas tias no interior, a mãe acabaria sendo vendida, aos 14 anos, para o futuro marido. De família muito pobre, a menina se casou com um mineiro rico, explorador de ouro, dezessete anos mais velho e já com um filho.

O abuso sofrido por América tornou-se público na família durante a festa de casamento do irmão mais novo. O abusador, provocando a irmã, perguntou se ela continuava se relacionando com aquele "terrorista assaltante de banco".

"Sim, ele é comunista, mas nunca abusou de irmã nenhuma", respondeu na lata.

A festa de casamento foi bruscamente encerrada: "Parecia cena de Lars von Trier. Minha irmã chorou, caiu no chão. O meio-irmão abusador foi embora com os três filhos. A minha cunhada, a noiva, na época com 17 anos, só pensava onde ela havia se metido."

O abusador morreu de câncer, mas mandou um recado para América quando estava nos seus dias finais de vida. Queria pedir perdão. "Eu respondi: que morra no inferno. Não fui, mandei para a puta que pariu. Hoje, pensaria duas vezes... É tão complicado."

Contar sobre a violência sexual vivida na adolescência foi libertador. Só aí ela entendeu suas escolhas profissionais: fez toda a carreira em torno da proteção da criança contra abusos sexuais, foi representante da Unicef em dois países da África, trabalhou com juízes e promotores em São Paulo, é do Conselho Municipal no Rio. Ao denunciar os crimes contra crianças e adolescentes, às vezes relata a sua história e usa as táticas do movimento feminista: tira a violência à criança do espaço privado para transformá-la em questão política.

"A mim, isso ajudou, eu me sentia responsável pelo que aconteceu, sentia culpa, tinha vergonha. Ao perceber que não era a única, que era uma questão cultural e histórica, fiquei melhor."

VI

Vera Sílvia, a musa

A imagem da saída de Vera Sílvia do Brasil é inesquecível: frágil, paralítica, sentada numa cadeira de rodas, junto com outros 39 presos políticos, na frente do avião que os levaria para a Argélia. Banidos pela ditadura, eles tinham sido trocados pelo embaixador alemão. Ela estava com 37 quilos e tinha 22 anos. Ao chegar a Argel, virou notícia no mundo, e a sua história foi considerada a mais dramática do ano pela Anistia Internacional. "Herdei da tortura um estado de dor", disse numa longa entrevista para a série Memória Política, da TV Câmara.[25]

Vera foi presa no dia 6 de março de 1970, durante uma panfletagem. Teve uma concussão cerebral por conta de um tiro na cabeça disparado pela polícia e estava aterrorizada com a ideia de ter matado Zé Roberto, seu marido e companheiro, num fogo cruzado. Eles estavam morando num aparelho na Penha e foram denunciados por uma vizinha, que trocou a liberdade de seu irmão estuprador pelas informações sobre as "pessoas estranhas" do apartamento ao lado. Ao tentar fugir do cerco policial, Vera abriu fogo quando seguraram o seu companheiro, mas as balas do .38 acabaram e ela teve de sair correndo. A sua última imagem do marido era Zé Roberto caído no chão. Exatamente naquela manhã, ele propusera que os dois parassem de fazer ações armadas.

A polícia alimentou a apavorante fantasia de que Vera matara o companheiro. Ela entrou em depressão profunda e só quatro anos depois, já no exterior, foi saber a verdade sobre aquele dia trágico: José Roberto Spigner, 21 anos, não morrera ali; fugiu para um outro aparelho e subiu no elevador acompanhado de um militar que o denunciou — estava com a roupa rasgada e sinais evidentes de ter passado por um confronto. Preferiu a morte à prisão: enfrentou a polícia de arma na mão, matou um soldado e foi fuzilado.

"Zé Roberto entrou na minha história para não mais sair. Era poeta, tinha muitas poesias dele, mas até isso a polícia tirou de mim. Só sobrou um retrato", disse, referindo-se à imagem que a acompanhou nas muitas casas e países onde morou.

Vera foi torturada brutalmente. Eram oito homens dando porrada. Simulavam afogamento e execução, davam choque elétrico, não davam comida, levavam para uma sala congelante, arrancavam unha, queimavam a perna, o projeto era destruí-la. A paralisia na perna foi causada pelas muitas horas pendurada no pau de arara, com as mãos e pernas amarradas, levando choque elétrico.

"Só eu fui torturada na Sexta-feira Santa, na PE [a Polícia do Exército cujo quartel no Rio de Janeiro era famoso pelos horrores cometidos nos porões]. Eles me disseram: 'Você vai ser torturada como homem, como foi Jesus Cristo.' Foi uma tortura desmesurada, nunca me recuperei, as sequelas físicas e psicológicas se mantiveram para sempre. Mas também não falei nada do que queriam. Foi suicidário, mas melhor para a minha cabeça."

Ela se transformara num símbolo da resistência à ditadura. Em 4 de setembro de 1969, fez parte do grupo que sequestrou o embaixador americano, a mais ousada ação de guerrilha urbana. Foi ela quem fez o levantamento para o sequestro de Charles Burke Elbrick; era a encarregada de "seduzir" o segurança da casa para conseguir informações sobre a rotina do diplomata: "Tive pena do segurança, mas ele queria se mostrar e contou tudo. Ele queria me namorar, mas não era possível, não éramos agentes secretos. No dia e hora que marcamos o encontro, o sequestro aconteceu."

Ela fora encarregada da logística e da segurança: deveria estar num ponto do Rio Comprido, onde o carro com o embaixador passaria. Conta a lenda que o combinado era estar vestida com o uniforme de estudante do ensino médio e levando um coquetel molotov feito numa pequena lata de leite condensado. Vera se enganou, e a sorte foi não precisar entrar em ação nem a polícia aparecer: se passasse, certamente iria investigar quem era aquela loura com uniforme de escola primária e segurando uma lata daquelas grandes de leite Ninho, capaz de mandar o bairro pelos ares. Passaria a ser chamada pela mídia de "Loura Metralha do Terror" ou "Loura 90", porque usaria dois .45 nas ações armadas.

"Só tinha um .38 velho que emperrava o tempo todo."

A opção da maioria das organizações de esquerda pela luta armada e pelos sequestros aconteceu depois do AI-5, o chamado golpe dentro do golpe. Para o historiador Marcelo Ridenti, foi esse ato institucional que iniciou 1969, o ano do pesadelo.[26] A ditadura foi aperfeiçoando seu aparato repressivo e oficializou o terrorismo de Estado, generalizando assassinatos, prisões e tortura de opositores.

As organizações responderam com uma "imersão geral na luta armada". A até então pacifista Dissidência da Guanabara, da qual Vera era do comitê central, também decidiu pela militarização das ações. Ela, que não acertava a cinza do cigarro no cinzeiro, ficou encarregada de comandar o trabalho armado.

"Foi nosso primeiro erro. Eu detestava a luta armada, tinha medo da minha arma, imagina da dos outros. Fui para essa tarefa porque baixaram esta ordem. E eu, que não tenho raciocínio lógico, me tornei um quadro militar."

A ideia do sequestro veio da necessidade de tirar os quadros políticos da prisão. Alguns tinham caído havia mais de um ano num congresso estudantil em Ibiúna, São Paulo, onde se reuniram as lideranças do movimento estudantil. A Dissidência, já rebatizada de MR-8, pensou numa ação que rompesse a censura e o silêncio da mídia, desmoralizasse o governo e tirasse da cadeia o companheiro Vladimir Palmeira, líder dos movimentos de massa de 1968.

"Ele não gostou da ideia, era muito ponderado, acho que preferia ficar na cadeia às nossas maluquices." Venceu a ala mais esquerdista, e quinze líderes políticos — Vladimir entre eles — foram trocados pelo embaixador americano, Charles Elbrick. Naquele mesmo dia, por exigência dos sequestradores, foi lido na televisão em horário nobre o manifesto em que os opositores defendiam a ação, a liberdade e o fim da ditadura. "Não podiam ser chamados de terroristas, já que estavam libertando companheiros da tortura dos porões", comenta Ridenti.

A resposta foi mais selvageria garantida pela Lei de Segurança Nacional e o país mergulhado nas trevas.

"Não nos dávamos conta do isolamento em que estávamos, tanto é que fizemos uma ação ousadíssima. A possibilidade de matar o embaixador era mínima, só fazíamos ações sem brutalidade e sem atingir a população civil", lembra.

Muitos anos depois, o sequestro virou filme de Bruno Barreto. Baseado no livro de Fernando Gabeira, *O que é isso, companheiro?* foi um sucesso de público e um fracasso de crítica entre a esquerda que organizou e participou da ação. Fernanda Torres interpretou o papel da mulher sequestradora, mas Vera não se interessou pela tentativa de levar parte de sua história às telas.

Fomos ver o filme juntas e ela dormiu. Na saída, disse que achou chato e mudou de assunto.

Este capítulo da resistência terminou sem *happy end*, mas começou lindamente, com os estudantes organizando o primeiro movimento de protesto depois do golpe de 1964. Para Vera, o sonho de um mundo menos desigual começou aos 11 anos, quando recebeu o *Manifesto comunista* de presente do tio e, encantada com a utopia, saiu distribuindo as bonecas. Mesmo para um pai comunista e uma mãe "avançada", a reação foi exagerada. Muito rapidamente entendeu que a construção do socialismo passava por embates difíceis, mas continuou, vida afora, apostando na revolução e pouco interessada em acumular bens. "Eu sou revolucionária e desapegada, meu carro é de quem precisar, minha casa é de todo mundo", disse trinta anos depois da volta do exílio.

A militância de Vera começou ainda no grêmio do Colégio Andrews, onde pregou no jornal mural um texto com a defesa do socialismo sob o título "O que é ser revolucionário". Durante o pré-vestibular de Economia já entrara para a Dissidência, e, em 1968, era vanguarda do movimento estudantil. "Ia à passeata todo dia, nossa forma de luta era essa."

O povo na rua dava uma sensação de vitória, mais ainda quando 100 mil pessoas protestaram contra a censura e a violência. Foi a célebre Passeata dos Cem Mil, com estudantes, artistas, intelectuais e parte da classe média progressista. Todos contra a ditadura.

Era junho de 1968, e a manifestação fora convocada após a "Sexta-feira Sangrenta", como ficou conhecido o dia de protestos que terminou com 28 mortos pela polícia.

A forte reação da população criou um clima de quase euforia, embalada por uma efervescência cultural e pela luta contra o autoritarismo aqui e no mundo. Ninguém era ingênuo, todos estavam ligados na conjuntura econômica e cultural: assistiam às peças de Zé Celso no Oficina, Nara Leão no Opinião, cantavam com os tropicalistas e viam no Paissandu os filmes do Cinema Novo e da vanguarda europeia. Liam Marx, Engels, Mao Tsé-tung, Caio Prado Júnior em grupos de estudos e sonhavam todos com a revolução. Vera, na época do comitê central da Dissidência Comunista da Guanabara, jamais levou o cargo a sério. "Imagina se era eu que ia dizer o que fazer para o Vladimir [Palmeira], ele é que sabia das massas", ri.

Vera foi mito e musa da nossa geração. Com um olhar crítico e irônico sobre ela mesma, a vida e as ideias ao redor, construía afetos e agregava amigos. Era inteligente, sensível, engraçada, atrapalhada e linda. Viveu intensamente e à frente do seu tempo, convivendo com dores na alma e no corpo, muitas delas deixadas pela tortura.

Até chegar ao exílio em Paris, onde viveu a maior parte do tempo depois de banida do Brasil, foi para a Argélia, onde passou por tratamentos para voltar a andar e emendou com uma estadia em Cuba para fazer treinamento militar e esperar por um passaporte — falso, naturalmente. Esteve em Berlim e, como a maioria dos brasileiros fora do país, foi para o Chile viver o socialismo de Salvador Allende.

Lá, na contracorrente do pensamento dominante da esquerda da época, fez autocrítica da sua participação em ações armadas e saiu do MR-8. Nunca mais pertenceu a uma organização política, mas a política jamais saiu da sua vida. "No Chile, a ficha caiu. Tínhamos sido derrotados, estávamos isolados. Não fomos só vítimas. Tínhamos um projeto de poder, queríamos derrubar a ditadura para instalar a ditadura do proletariado. Ninguém diz, mas é preciso dizer, era esse nosso projeto. Sou contra todas as ditaduras."

Com o golpe no Chile, refugiou-se na embaixada e depois foi levada para a Argentina. Não era uma viagem turística: tratava-se de uma peregrinação cercada de medos e perigos, à procura de um lugar para reconstruir a vida.

Por causa do sequestro do embaixador americano, era quase impossível conseguir asilo e documentos. A Suécia recebeu-a e ao jornalista Fernando Gabeira, seu companheiro de sequestro, com quem começara uma relação amorosa. Não aguentou a tristeza da vida em Estocolmo, com muita neve, frio, escuridão e uma língua incompreensível. Foi embora sozinha para Paris.

O primeiro período na França foi feliz. Casou-se com Carlos Henrique, também exilado, reencontrou muitos amigos e a casa dos dois era uma festa. Era lá onde íamos inventar projetos, participar de reuniões, encontrar os amigos, ver jogos da Copa do Mundo e dançar. Foi no apartamento do boulevard Raspail que começou o Saci, a escolinha de arte e cultura para filhos dos exilados brasileiros. Foi lá que inventamos o grupo de cultura do Comitê Brasileiro pela Anistia e onde todos se reuniram, numa noite de agonia e alegria, acompanhando a votação do projeto na Câmara de Deputados que abriu caminho para o fim do exílio.

Os bons momentos alternavam-se com períodos de profunda dor. Vera estava muito contente com a gravidez do primeiro filho, passamos um mês ótimo viajando pela Espanha — eles dois e eu com meu companheiro da época. Refizemos os caminhos antes percorridos por João Cabral de Melo Neto, sobre quem Carlos Henrique preparava um documentário, filmado pouco depois. Os horrores pareciam ter ficado para trás, mas o trauma da tortura reapareceu no parto de Vera: a luz forte na cara, a dor e as quatro mulheres vestidas de verde reproduziam o cenário dos porões da ditadura. Ela achou que estava sendo torturada de novo e entrou em crise. Passou meses perseguida pelas lembranças do massacre imposto a ela pelos torturadores, das cenas do enfrentamento com a polícia e a última visão de Zé Roberto, o ex-companheiro, caído no chão. Andava em casa com o chapéu de montaria para defender a cabeça de perigos e vigiava os sinais de luz emitidos pelos escritórios da administração do aeroporto, próximo à sua casa. O filho era um bebê, e ele sentia o estresse da mãe, carinhosa, mas tensa.

Começou assim um dramático ritual que se repetiria muitas vezes. Vera doente e todos os amigos em volta, Carlos Henrique sempre ao seu lado nos momentos mais difíceis — casados ou já separados. Nós, os amigos, fazíamos escala para dormir com ela quando era internada ou quando estava delirando muito em casa. Aconteceu em Paris e continuou no Brasil quando voltou, após a Anistia. Depois de passar quatro anos em Recife, chegou ao Rio com o filho. Na medida do possível, mantínhamos o humor e brincávamos juntos, seguindo as maluquices dela. Uma vez, Vera e Glorinha dançavam na casa de saúde quando o psiquiatra entrou. Ambas entraram em pânico — sabemos que, de perto, ninguém é normal.

Ao sair das crises, era a Vera de antes, alegre, engraçada, provocadora, interessada no mundo. Voltava ao trabalho satisfeita, primeiro numa pesquisa no sertão de Pernambuco, encomendada pela Fundação Joaquim Nabuco, e depois na Secretaria de Planejamento do Estado do Rio, onde fez muitos amigos. Quando contávamos nossas próprias crises ou mazelas, ela dizia que isso era coisa de neurótico. "Eu sou psicótica, psicótica não fica resfriada nem tem essas coisinhas", avisava, rindo, repisando o seu diagnóstico de bipolar, no passado, chamado de psicose maníaco-depressiva.

Continuava combativa. Passou a visitar favelas e presídios para contar a sua história e falar do direito à cidadania: explicava por que eles eram excluídos e contava sobre a luta da nossa geração. "Sempre trabalhei onde as pessoas estavam fodidas. Não tinha medo de motim em presídio nem de tiroteio em favela: meus medos são todos internos."

Aos poucos, os remédios foram estabilizando sua saúde mental, porém o corpo começou a dar sinais de fadiga. Teve um câncer linfático, tratou-se nos Estados Unidos, curou-se. Uma recidiva a fez passar por uma nova quimioterapia. Quase morreu de septicemia quando tinha uns 45 anos. A cada vez, internada no Samaritano, todos chegávamos a tempo do momento em que o médico ia dar notícias sobre ela. Lucia Murat, amiga e cineasta, inspirou-se nessa cena para fazer *A memória que me contam*, uma bela homenagem a Vera. "Era um bando de amigos que conversavam e discutiam como se estivessem numa assembleia estudantil, tendo como grande elo não o cotidiano de cada um, mas a ligação com Vera, vinda de um passado comum. Por que ela aglutinava tanta gente e pessoas tão diferentes?"

A resposta é dada pela própria Vera Sílvia. Todas as contas feitas, valeu a pena? "Valeu. Só não valeu para quem morreu. Não tinha nada de melhor a ser feito pela minha geração. A nata da geração estava na resistência à ditadura. Não penso em vencidos e vencedores. Um projeto nosso foi questionado, mas nós ganhamos valores, ganhamos amizades, construímos uma ética. A geração 1968 formou um *ethos* exemplar; meu filho tem orgulho de ser meu filho, não pelo que fiz, mas porque atuo no cotidiano de acordo com as coisas que eu fiz — não são todos, o *ethos* nunca é coletivo. A gente não é conservador: não é no amor, não é com homem, não é no trabalho. O melhor que a geração 1968 soube fazer foi construir afetos, amizades, solidariedade e valores, ter uma ética."

Vera morreu aos 59 anos, em 2007, de enfarto depois de uma destruidora infecção pulmonar.

VII

Vera e a volta em vários mundos

Vera já se reinventou tantas vezes que tem dois nomes. É Vera Barreto Leite no teatro, na turma do underground e de artistas no Rio. É Vera Valdez como modelo da alta-costura parisiense, nos editoriais de moda em revistas e como atriz de cinema. O Valdez vem do pai português, o Barreto Leite, da mãe carioca, de uma família de atrizes e jornalistas. Bem pequena, Vera dormia nos camarins e saía cambaleando de sono com a trupe para o fim de noite na Lapa. Mãe e tia viveram nos palcos e já desafiavam as regras do patriarcado no início do século XX. As duas foram mulheres desquitadas numa época em que deixar o marido dava uma espécie de atestado de libertinagem àquelas com ousadia suficiente para viver sozinhas. Elas e o tio eram comunistas, filiados ao Partido Comunista Brasileiro (PCB), frequentemente posto na ilegalidade. Ele, jornalista influente da *Folha de S.Paulo* e, mais tarde, embaixador do Brasil em Israel, era o único homem e o mais velho dessa geração dos Barreto Leite — informalmente, tornou-se o chefe do clã, a quem o mulherio recorria nas dificuldades.

"Mãe Maria era delirante e livre. Já era feminista. Me educou para ser livre. Para mim, a revolução das mulheres começou no pós-guerra."

Vera chegou às casas da alta-costura parisiense nos anos 1950, com a Europa ainda sob o efeito do conflito mundial e as mulheres loucas para deixar no passado a penúria imposta após os sete anos de guerra. Numa festa, um francês perguntou a então adolescente, magra como um fiapo, alta e bonita, se ela era manequim. Vera não sabia o que era isso e adorou a ideia de tornar-se uma mulher de capa das revistas quando a mãe lhe mostrou, na banca de jornais, o jeito maneca de ser. Tinha 16 anos e se mudado para a França por conta do novo trabalho da mãe, no consulado brasileiro em Paris. Sob intensa pressão da adolescente, um amigo da família apresentou-a a Elsa Schiaparelli, estilista italiana que levou o surrealismo para roupas e acessórios. Era a época de ouro da moda parisiense e Vera trabalhou com os maiores nomes da alta-costura: Christian Dior e Coco Chanel. Na Maison Chanel, tornou-se uma top model antes de a palavra existir.

Ela vestia um casaquinho vermelho quando encontrou *mademoiselle* pela primeira vez, na rue Cambon, no salão cercado de espelhos e a famosa escadaria de corrimão dourado.

"Me deparei com uma senhora magrinha, de *tailleur* e chapéu, que me disse: 'Você vai ficar.'"

A contratação imediata da jovem brasileira não a poupou das críticas de *mademoiselle*, que achava um horror alguém vestir-se de vermelho. "Antipática", pensei. "Mas eu devia era cobrar royalties, porque a partir daí ela nunca mais deixou de ter um *tailleur* vermelho nas coleções Chanel."

Foram duas grandes temporadas como manequim vedete da grande estilista; na última delas, ficou seis anos trabalhando na alta-costura. "Foram seis anos dourados da Maison Chanel. Ela era levada pelo seu trabalho e sua paixão, ninguém resistia a esse furacão. Em pleno agosto, auge do verão, ela nos fazia ficar em pé, de casaco de pele, enquanto modelava as roupas. Odiava quando a gente chegava com jeans e cara de quem passara a noite acordada na farra."

Mesmo já de volta ao Brasil, Vera com frequência era escolhida para apresentar as coleções da grande dama da moda em Paris. "Fiz o último desfile dela. Depois, fomos tomar champanhe e, na saída do Ritz, ela disse: 'Suba comigo.' Fomos para os apartamentos dela no hotel, a camareira preparou um banho e, já deitada, com um pijama de seda branca, *mademoiselle* se despediu de mim com umas piscadinhas de olho. Foi a última vez."

Nas livrarias de Saint-Germain-des-Prés, a passagem de Vera pelo mundo fashion está documentada em vários livros de grandes fotógrafos de moda: ela desfilando diante do ator Cary Grant *chez* Dior; ela na escadaria com espelhos da rue Cambon. Viveu a fase gloriosa do bairro, entre intelectuais e o *grand monde* parisiense. Fez uma ponta em Le Feu Follet (no Brasil, *Trinta anos esta noite*), filme de Louis Malle, era amiga de Françoise Sagan — "Ela parecia um ratinho" —, e foi amante do barão Ted van Zuylen, ramo holandês dos Rothschild, época em que passava fins de semana no castelo dele na Normandia.

A vida de contos de fadas foi interrompida abruptamente para recuperar a filha, raptada pelo primeiro marido, Luiz Linhares, ator de teatro de grande sucesso nos anos 1960, colunista influente no meio jornalístico e, ainda por cima, bonito. Ela tinha 20 anos, ele, 35. O casamento foi no Outeiro da Glória, com Tônia Carrero e Adolfo Celi de padrinhos, diante de todo o teatro brasileiro.

Parecia cena de cinema. Só que a fama de violento do noivo já tinha corrido e amigos tentaram avisar a Vera. Ela, apaixonada, não prestou atenção. Nasceu Paula e o lado obscuro do ator revelou-se numa violenta briga doméstica. Ela foi embora imediatamente levando nos braços a filha com um ano de idade. Meses depois, o pai pediu para passar um tempo com a menina. Vera pensou em não deixar, mas concordou. Pai e filha sumiram do mapa. A tristeza com o rapto da menina atingiu toda a sua vida, inclusive o lado conto de fadas em que Vera evoluía nas passarelas, frequentava a *beautiful people* de Saint-Germain e mantinha uma relação amorosa com o barão.

"Não aguento mais ver este seu sofrimento", foram as palavras dele.

Vieram para o Brasil e convenceram a avó paterna de Paula que era hora de a menina voltar a ficar com a mãe. E, desta vez, foi Vera quem a raptou: os três viajaram juntos para Paris. Só que a vida deixou de ser alegre: a criança não estava bem, parecia um bichinho assustado, fora separada da mãe quase bebê e, depois, levada por Vera, que já se tornara uma estranha. Foi a Jacques Lacan, um dos gênios da psicanálise, a quem Vera pediu uma recomendação de tratamento para a filha. Pouco tempo depois, foi ele também que sugeriu a volta ao Brasil das duas, porque aqui a menina recuperaria a sua língua e seu universo de criança. Assim, mãe e filha chegaram ao Rio, ambas traumatizadas. Vera deixou para trás o sucesso como modelo, o apartamento em Saint-Michel e o barão. Paula, diagnosticada como esquizofrênica, perdida entre tantos traumas e sofrimentos, bem mais tarde refez sua vida com a ajuda da mãe e hoje mora com a filha e os netos em São Paulo.

Vera tinha 30 anos e passou a década seguinte no Brasil. Foram anos definidores: viveu a alegria do início da Bossa Nova em Ipanema, teve uma segunda filha com Pedro Moraes, grande fotógrafo e filho de Vinicius de Moraes. Mariana nasceu no fim de setembro, quando a cidade ainda estava tumultuada após o sequestro do embaixador norte-americano Charles Elbrick, audaciosa e vitoriosa ação da guerrilha, cujo desfecho levou à libertação de quinze presos políticos banidos para o México.

Eram os anos de chumbo. Vera dava dinheiro para as organizações de esquerda, escondia em casa um ou outro procurado pela polícia e, na contracultura, achou seu lugar de resistência. Já participara de filmes com Walter Hugo Khouri e Roberto Santos, mas os diretores mais próximos dela eram os alternativos Julinho Bressane e Rogério Sganzerla, ou a turma do Cinema Novo, entre eles, Nelson Pereira dos Santos, Joaquim Pedro de Andrade e Mário Carneiro. Fazia participações como atriz aqui e lá, assinava o figurino outras vezes. Era uma das musas de Ipanema, onde abriu uma loja em sociedade com Leila Diniz. Sua tribo, além de Leila, era Maria Gladys, Ana Maria Magalhães, Sônia Dias, Susana Moraes — musas da época áurea de Ipanema —, os baianos Caetano Veloso e Gil, e os músicos da Bossa Nova, Tom, Baden Powell e Vinicius de Moraes.

Como parte dos jovens que não saíram do país após o AI-5, caiu nas drogas. Chama esse tempo de fase "bandida". Foi hippie em Arembepe, traficou um pouco e foi presa no aeroporto Santos Dumont: "A gente gostava de uma aventura, né?"

Era maio de 1974, ela estava superelegante, saindo de um concerto do lendário saxofonista Miles Davis no Theatro Municipal do Rio, e viajaria até Corumbá com uma amiga para devolver a cocaína de péssima qualidade vendida pelos traficantes de lá. Só que a polícia achou na sua bolsa Chanel um único papelote da cocaína malhada. Naquela época, em tese, brancos presos com um papelote na bolsa não sofriam tanto nas mãos da polícia quanto os ligados aos grupos da luta armada. Com Vera não foi assim:

"Fui torturada e me entregaram para o DOI-Codi."

Ao conferirem seu nome, Barreto Leite, a polícia fez a conexão entre ela e a família comunista: um dos primos estava na luta armada, o outro era cineasta de esquerda, a mãe e a tia estavam fichadas como militantes do PCB, o tio havia sido trotskista. Ela passou por toda a série de atrocidades: apanhou, foi queimada com ponta de cigarro e posta na "geladeira", isto é, nua numa sala com ar-condicionado a mil. Mais de cinquenta anos depois, ainda tem pânico de frio:

"É trauma, eu sei, só que não dá para fingir que não fui torturada."

A polícia achou com ela uma lista de possíveis doadores para um filme, prendeu todos, um a um, com a expectativa de que fossem militantes de oposição. Vera manteve a boca fechada e acabou solta por contatos acionados pelo tio Barreto Leite, na época primeiro embaixador do Brasil em Israel.

Assim que conseguiu, voltou a Paris com a filha menor, Mariana. Era a terceira vez de Vera na França, agora no papel de mãe dedicada. Aos 9 anos e ainda analfabeta, Mariana era a prioridade da mãe: ela acordava cedo, fazia sopa para o lanche da escola, supervisionava o dever de casa. As duas vieram morar comigo no apartamento da rue Montorgueil. Ajudei na alfabetização de Mariana; em troca, Vera me ensinou a receber convidados.

Foi um tempo ótimo. Ela se ligou à esquerda, ia às passeatas, participava de workshops de teatro, financiou o curta de amigos estudantes de cinema em Vincennes e uma ou outra atividade cultural dos brasileiros. Encontramos Zé Celso Martinez voltando da África a caminho do Brasil. Ele queria fazer uma leitura de *O homem e o cavalo*, de Oswald de Andrade, e armamos tudo lá em casa. Participaram as atrizes exiladas em Paris, a turma do Augusto Boal e quem mais estava por lá. Vera reinventou-se como atriz exilada.

VIII

O Saci em Paris

Glória vivia entre Paris e a Suécia. Morava num *studio*, numa transversal da rue Mouffetard, mas voltava à Suécia em todas as férias escolares, em junho e janeiro, para trabalhar e fazer provas. Ela, como vários dos exilados no país nórdico, pediu bolsa para estudar português, uma maneira de receber dinheiro sem muitos compromissos escolares. Com o tempo, foi ficando mais difícil, tinha de estudar fonética, história de Portugal, assuntos nada óbvios para brasileiros não especializados. Nesses períodos de verão, trabalhava também como faxineira e porteira de hotel para reforçar o orçamento em Paris. As constantes viagens eram cansativas, mas ela não tinha *carte de séjour* na França, o que a obrigava a sair do país regularmente e, como ela diz, tudo valia a pena para escapar da tristeza.

"Estocolmo é difícil, tem uma depressão do cão, especialmente no inverno. E o inverno é longuíssimo."

Num desses períodos na Suécia, ela trabalhava numa creche quando percebeu certa professora dando aulas para as crianças estrangeiras em duas línguas: sueco e o idioma de origem dos meninos. Podia ser sueco e chinês, sueco, brasileiro etc. Glória pensou em fazer o mesmo com os filhos dos exilados em Paris; a experiência dela no Círculo, de ficar entre brasileiras, tinha ajudado a todas na adaptação à França.

Vera Sílvia adorou a ideia. E assim nasceu o Saci-Pererê, escolinha de língua e cultura brasileiras, que era também um ateliê de artes.

Funcionava aos sábados, primeiro na casa de Vera Sílvia, sempre com cabeça e portas abertas para ideias novas.

O Saci bombou. As crianças exiladas foram chamando os amigos brasileiros, mais tarde, os franceses, e, em busca de mais espaço, a escolinha abrigou-se no quinto andar da Maison du Brésil, na Cité Universitaire. Eram de quinze a vinte crianças, num ambiente de muita liberdade e experimentação, bem diferente da disciplinadora e autoritária escola francesa.

Era muito criativo e informal, com atenção quase individualizada aos meninos e meninas. Os professores eram sete: Glória e Vera Sílvia lançaram a ideia e convidaram a especialista em arte e educação Marisa Celestino, o ator Rui Frati, a gerente do Théâtre du Soleil, Naruna de Andrade, a professora de yoga Rute Casoy, e o estudante de cinema Marinho Celestino. Todos tinham como valores máximos a liberdade na vida e a liberdade de expressão, os mesmos princípios pelos quais lutaram e precisaram deixar o país.

No Saci, meninos e meninas brincavam de Brasil. Fizeram festa de São João e soltaram balão, algo nunca visto em Paris. Escreveram e encenaram uma peça de teatro, em que Marinho, um gay negro alto e forte, aparecia no palco mostrando primeiro seu pezinho tamanho 45 num sapato de salto alto dourado e, depois, mostrava-se de corpo inteiro, envolto em tule branco no papel de fada pirlimpimpim. As crianças adoravam. Certa vez, uma professora imaginou que o Saci foi viajar pelo Brasil e, quando chegou ao Amazonas, descobriu a pororoca: as crianças passaram a tarde toda repetindo a palavra "pororoca", fascinadas com o som. Em outra ocasião, quando o filósofo Jean-Paul Sartre ia ser enterrado, num sábado de abril de 1980, todos os professores queriam estar presentes à cerimônia e levaram as crianças para o cemitério. O grupo ficou um pouco afastado da multidão: enquanto os meninos e as meninas corriam entre as lápides, os adultos homenageavam o intelectual engajado nos bons combates.

O Saci tinha uma particularidade, acolhia os pequenos sem perguntar o nome, a profissão dos pais ou onde a família morava.

Eram filhos de exilados, muitos ouviam em casa que podiam botar em perigo a família se dissessem seus nomes e de onde vinham — os adultos, com frequência, usavam nomes de guerra para evitar a espionagem de agentes da ditadura no exterior. Para a maioria dos meninos e meninas, o Brasil era um lugar amedrontador, onde os pais foram perseguidos, presos e às vezes torturados.

Os professores eram obrigados por lei a ter informações sobre os alunos, mas intuíram que o ateliê teria de ser anônimo para dar espaço às crianças de expressarem, por exemplo, o medo da morte — delas e dos pais —, que ainda as assombrava. Foi uma decisão revolucionária; hoje, mais de quarenta anos depois, a mesma atitude acaba de ser tomada pela prefeitura de Brest, na Bretanha, permitindo aos moradores de rua frequentarem anonimamente os abrigos do Estado.

Muitas das crianças brasileiras jamais tinham ido ao Brasil, aquele país onde fazia sol o tempo todo e as avós moravam. Mas sabiam que a língua portuguesa era perigosa, podendo revelar a história escondida. Um dos alunos do Saci, Pedro, durante muito tempo desenhava uma coisa apenas: um homem matando o pai. Toda marionete confeccionada por ele também assassinava alguém. Outra menina, que passara pelo exílio no Chile, sempre chorava ao ver um policial. Uma terceira, extremamente tímida, parecia viver em estado de surpresa permanente, não aprendera português e quase não falava. Às vezes, uma das crianças começava a contar alguma coisa, "a mamãe disse...", e interrompia a história, com medo de dizer alguma palavra proibida. Nas brincadeiras e nas criações coletivas, aparecia a imagem do pai de forma reveladora e era um alerta para Marisa.

"Sentia que eles tinham muito medo, sempre pensando: 'Posso falar ou não posso?' Isso acabava quando a confiança se estabelecia. O ateliê era um lugar artístico, cultural, com poucos limites, lá elas faziam arte nos dois sentidos da palavra."

Nessa época, as crianças francesas eram muito reprimidas, não tinham nem direito de falar à mesa. Ao chegarem ao Saci, a liberdade assustava: algumas mães viam o clima e jamais voltavam; outras, se apaixonavam e passavam a colaborar com sugestões, subsídios para as aulas de arte. Era uma clientela nada homogênea, algumas crianças nunca tinham aprendido português e eram iniciadas na língua de forma lúdica e atenta. Outros já eram poliglotas por conta dos vários exílios: brincavam de correr e faziam bagunça em português, guardando o francês para os jogos coletivos. Em alguns lugares, como na escola, não queriam falar "brasileiro", mas já sabiam a hora boa para usar a língua secreta: quando ninguém em volta entendia. Pedro, que só desenhava assassinatos, adorava se vingar do comportamento autoritário dos franceses: "Olha que velha escrota", dizia, aos 4 anos, para o pai, e apontava alguém na rua.

Mais de setenta crianças passaram pelo Saci e, quando a anistia virou assunto entre os brasileiros, todas queriam voltar para o país onde jamais haviam pisado. Ao brincarem de avião, o piloto perguntava: "Para onde vamos?" A resposta em coro era: "Para o Brasil!" Com o tempo, o sol começou a aparecer em todos os desenhos e o saci-pererê deixou de usar cachecol.

Marisa, hoje psicóloga, acha que o Saci teve uma função terapêutica para as crianças ao permitir que expressassem o medo e assumissem a identidade brasileira. Glória também tem certeza de que o ateliê cumpriu sua função:

"Nós queríamos deixar as crianças menos apátridas."

Ela se refere ao desenraizamento dos meninos, mas apátrida era também o estatuto legal dos nascidos no exterior. Os consulados recusavam-se a registrar como brasileiros os filhos nascidos fora do território nacional. Só lá para o início dos anos 2000, e sob pressão, essa regra absurda foi revogada.

IX

Meu capitão é veado!

A ideia da campanha pela anistia veio do Brasil e atravessou a vida de todos os brasileiros em Paris. Embalou e embaralhou grupos e organizações de esquerda no exílio, mexeu com coração e mente dos brasileiros no exterior. A ideia do regresso tomou conta de tudo e de todos. O Círculo tinha uma vida autônoma muito forte e decidiu não aderir, como grupo, ao Comitê Brasileiro pela Anistia (CBA). Mas também não ia ficar totalmente de fora: participou de eventos, mandou representantes para reuniões fechadas e assembleias, fez documentos defendendo o engajamento pontual das mulheres na luta pela anistia. Num panfleto distribuído na assembleia do comitê, em fevereiro de 1979, elas explicavam a decisão:

"Participar hoje na luta contra a ditadura é exigir liberdade de organização e manifestação para todos, é querer uma anistia ampla geral e irrestrita, é batalhar pela volta de todos os exilados e banidos. Aqui [no CBA] teremos reivindicações específicas à nossa condição de mulheres para serem integradas ao conjunto de palavras de ordem das campanhas brasileiras no exterior."

Mas todas participaram individualmente. Foi o que Glória fez ao criar, junto com Vera Sílvia, Carlos Henrique Maranhão, Helio Alves Pinto e outros, o Grupo de Cultura do Comitê Brasileiro pela Anistia. Programaram um debate-performance no teatro da Cité Universitaire sobre política e homossexualismo — era a palavra usada na época, hoje totalmente preconceituosa. Ao ser lançada a ideia, o CBA quase rachou, com uma oposição veemente e feroz. O jeito foi convocar uma assembleia e votar se o debate era compatível com a anistia. O "sim" ganhou, mas, mesmo com a vitória, decidiu-se tirar a chancela do CBA para acalmar a turma do contra.

Pelo mundo, os movimentos gays, precursores dos LGBT, já estavam nas ruas, herdeiros que eram da revolução comportamental de 1968 e do feminismo, já poderoso desde o início dos anos 1970. Na França e nos Estados Unidos, uma forte subcultura gay crescia pelas grandes cidades, com jornais temáticos, livrarias, saunas, bares e até bairros inteiros — como o Castro, em São Francisco —, onde era possível estar sem a aporrinhação da polícia ou de olhares críticos. Mesmo no Rio, ainda sob a ditadura, jornalistas, intelectuais e artistas gays criaram, em 1978, o *Lampião da Esquina*, um tabloide mensal defensor dos direitos de "minorias", que se declarava em luta para mudar a imagem de homossexuais como seres das sombras. O *Lampião* foi um sucesso de crítica e público, logo depois seguido pelo primeiro grupo ativista gay brasileiro, o Somos.

Estes sopros de liberdade, contudo, ainda não tinham chegado a grande parte da esquerda no exílio. A pauta moralista do Partido Comunista Brasileiro, e mesmo de parte das organizações ditas revolucionárias, ainda considerava a homossexualidade como desvio pequeno-burguês, decadência burguesa ou comportamento contrário à moral revolucionária. A imagem do guerrilheiro reforçava padrões de virilidade e patriarcalismo, muito embora um dos dogmas do comunismo fosse que a revolução exigiria combate à moral burguesa, seu hedonismo e individualismo.

Nada surpreendente, portanto, que parte dos brasileiros exilados tenha se sentido quase ofendido com a união entre política e homossexualidade. "Já fizemos muitos acordos, mas discutir pederastia é demais", reclamava um da linha dura.

No dia do debate-performance, para desarmar os espíritos, montou-se um balcão com caipirinha de graça logo na entrada da Maison du Brésil. No trajeto até o teatro, foram espalhadas fotos de homens se agarrando em partidas de futebol, ou em lutas de boxe, e de mulheres se beijando, gestos comuns no esporte ou nas ruas. Num painel, sob a frase "Estamos todos num mesmo banheiro", páginas de revistas gays foram penduradas, exibindo fotos de sexo entre homens, pênis em close, mulheres se agarrando etc.

A ideia era discutir a marginalidade e o silenciamento dos gays impostos pelo patriarcado. O cenário montado pelo Grupo de Cultura reproduzia a estratégia usada por Glória para lançar o Círculo alguns anos antes, ocasião em que as imagens de pintores impressionistas foram usadas para demonstrar como as mulheres apareciam sempre em situações domésticas e em atitudes passivas.

"Aprontamos a maior quizumba", diverte-se Glória.

As lembranças dessa noite são parciais. Glória passou o comando do espetáculo ao diretor de teatro Zé Celso, e a palavra para o casal Herbert Daniel e Cláudio Mesquita. Daniel era um revolucionário, antigo militante da Vanguarda Popular Revolucionária (VPR), líder de inúmeras ações — entre elas, o sequestro dos embaixadores suíço e alemão —, companheiro de luta armada de muitas das cerca de duzentas pessoas no teatro lotado. Cláudio, artista gráfico, desenhou o convite: o cartão estampava um banheiro público, com as paredes pichadas e uma convocação: "Se você é, vem que tem."

Nas suas memórias, Daniel conta os tormentos vividos como guerrilheiro gay até conseguir sair do armário. Naquele debate, contou, de um ponto de vista pessoal, a experiência de reprimir sua sexualidade por não caber na imagem clássica do militante de esquerda. Quando encerrou a conversa, o auditório ficou em silêncio, não tinha entendido a sua complexa teoria, não sabia se era para aplaudir ou não, segundo Jean Marc von der Weid, presidente do CBA em Paris.[27]

A lembrança de Glória é que Daniel perguntava às pessoas: "Por que você é heterossexual?" Ao lado dele, Zé Celso tocava um sino para criar suspense sobre a resposta. "Eu já sou preto, de esquerda e pobre. Se também fosse gay ia ser um desastre", respondeu Helinho, também do Grupo de Cultura, com o humor habitual.

Tudo causou escândalo. Lena T. conta que um companheiro de treinamento de guerrilha no vale da Ribeira, depois de dizer-se contra o homossexualismo, perguntou a Daniel se já era "veado" naquele tempo.

"Se você quiser usar estes termos, sim, eu era veado", respondeu Daniel.

"Quer dizer que meu capitão é veado... E eu abracei um veado", murmurava o militante, perplexo, enquanto o teatro gargalhava.

A caipirinha destravou as línguas, elas e eles se expressaram, falaram de sua sexualidade, contaram histórias da vida pessoal. O debate virou uma festa e, dizem as testemunhas, o velho companheiro homofóbico dançou com Daniel, mulheres tiraram umas às outras para dançar. A repercussão entre os exilados na Europa e no Brasil durou um bom tempo, a maioria "pichando" Daniel e Cláudio.

Muitos anos depois, num dia de junho de 2021, Glória ainda se lembra e ri: "Quase rachamos a esquerda. Mas foi incrível."

Daniel refletiu sobre o dia do debate em sua espécie de diário: "Silêncio é a forma discursiva de certos setores da esquerda sobre a homossexualidade. É uma maneira de exilar os homossexuais. A mais sutil das censuras é a imposição da autocensura."[28]

X

A anistia mexe com corações e mentes

Um mês depois daquele tonitruante debate em Paris, a Lei da Anistia foi assinada no Brasil pelo ditador João Figueiredo. Desde o longínquo ano de 1975, ainda no governo Geisel, os círculos do poder começaram a discutir o "perdão" aos dissidentes. No mesmo ano, mães e mulheres dos punidos pela ditadura, lideradas por Therezinha Zerbini, levantaram a bandeira da "conciliação nacional". Foi o primeiro movimento civil institucionalizado na época do regime militar, logo seguido pelos comitês pela anistia. Mais politizados, os CBAs começaram timidamente, porém cresceram impulsionados pela crise civil-militar do governo e a retomada das mobilizações da sociedade civil em 1978.

As grandes greves comandadas por Lula no ABC, os movimentos feminista, negro e gay também entravam na cena política e aceleravam a história. Os comitês pela anistia espalharam-se por todos os estados brasileiros e pelas cidades europeias e norte-americanas onde viviam exilados.

Em Paris, a campanha foi liderada por organizações mais à esquerda e rapidamente agregou exilados de todas as tendências, frequentemente reunidos em assembleias, nas quais se discutia a conjuntura brasileira, planejavam-se estratégias políticas e ações de propaganda para pressionar pela abertura das prisões e a volta de todos ao Brasil.

A histórica Salle Wagram, guardião da memória dos grandes bailes da época de Napoleão III, entrou no roteiro político dos brasileiros mobilizados pela anistia. Foi tomada pelas orquestras carnavalescas e mais de mil foliões lotaram a antiga *guinguette*, construída em 1815.

Também foi lá a festa de despedida do Círculo. Mesmo que ninguém tenha se dado conta na época, esta foi a última vez que as meninas estiveram todas juntas. A noite ganhou o título de "Désinventer la Tristesse" [Desinventando a Tristeza]. Elas venderam ingressos para financiar o envio de livros, CDs e vídeos ao Brasil, com o objetivo de construir uma biblioteca feminista. "Falou-se em manter o Círculo na volta", lembra Betânia, e, embora isso não tenha acontecido, todo o acervo foi usado para criar o Centro de Informação da Mulher (CIM), em São Paulo, e muito de seu conteúdo foi retransmitido a organizações feministas pelo país.

A ditadura pretendia garantir uma transição segura do regime militar para um governo civil, na qual o "perdão" excluiria os "terroristas envolvidos em crimes de sangue ou sequestros" — terrorista era como o governo se referia aos militantes da luta armada. A tortura e os assassinatos perpetrados por militares e agentes civis do Estado nos porões da ditadura também seriam cobertos pela anistia, e a isto os ditadores chamavam de "reciprocidade".

No Brasil, a sociedade rachou. "Não podemos recusar o bom em nome do ótimo", argumentava Therezinha Zerbini, a ala conservadora da Igreja, os políticos da Arena e do Partido Comunista Brasileiro. "O bom era tirar os presos políticos da cadeia e os exilados voltarem, mas isto estava longe de ser ótimo", lembra o historiador Daniel Aarão Reis, também um exilado em Paris.

"Anistia, ampla, geral e irrestrita" era o grito uníssono de exilados, banidos, ex-presos políticos apoiados por dissidentes da Arena, pelo MDB e sua área de influência. Reproduziram-se no exterior as duas visões de futuro que se enfrentavam nas ruas e nos corredores do poder no Brasil. Para construir uma sociedade democrática, a anistia deveria levar ao perdão e ao esquecimento do passado? Ou teria de estar associada à justiça e à memória?

Fora o PCB e o Partido Comunista do Brasil (PCdoB), a esquerda era unanimemente a favor de não apagar o passado. "Lembrar para não repetir" eram as palavras que uniam todos no exílio. Só que a desproporção das forças era enorme: os comitês pela anistia não tinham poder algum, as organizações clandestinas estavam muito enfraquecidas ou não existiam mais. O regime militar, mais uma vez, impôs as regras.

Entre os exilados, o engajamento e a desconfiança em relação à anistia dividiam corações e mentes. Iramaya Benjamin, presidente do CBA, participou em Paris de uma reunião fechada só para representantes dos diversos grupos e organizações políticas. Percebeu que poucos apostavam na volta ao Brasil.

"Vai ter anistia, vocês não estão acreditando porque sofreram muito, mas pode acreditar, vai ter", disse ela, pouco tempo antes de a lei abrir as fronteiras para eles.

Em 1º de setembro de 1979, quando o Congresso aprovou a Lei da Anistia, após quinze anos de ditadura, o regime militar havia cassado o mandato ou suspendido os direitos políticos de 1.088 cidadãos, incluindo três ex-presidentes da República; afastado do serviço público 3.215 civis, entre eles, três ministros do Supremo Tribunal Federal e um do Superior Tribunal de Justiça; excluído do serviço ativo 1.387 militares; condenado 11 mil pessoas — 82 com pena superior a dez anos — por assaltos com motivação política; e posto na cadeia dezenas de milhares de cidadãos. As contas são do Palácio do Planalto e foram citadas em *A ditadura acabada*, de Elio Gaspari.[29] Já a Comissão Nacional da Verdade, em 2014, relatou que a suspensão do *habeas corpus*, o direito à proteção do cidadão contra as arbitrariedades do Estado, ocorrida em 1969, devastou uma geração de brasileiros, deixando 434 mortos ou desaparecidos, 7 mil exilados e 20 mil torturados.

No primeiro dia da entrada em vigor da anistia, chegaram os dois primeiros exilados. Fernando Gabeira, jornalista, pisou no país festejado por banda de música, carregado nos ombros pelos amigos com o peito estourando de alegria. Chico Nelson, jornalista cuja volta não saíra nos jornais, teve menos sorte e foi preso no aeroporto. Ao mostrar o passaporte, seu histórico político apareceu no computador e ele foi embarcado num camburão em direção à praça Mauá. No caminho, contou aos policiais que estava há dez anos fora do país e eles mudaram a rota para mostrar a ponte Rio-Niterói, ainda não vista pela maioria dos exilados e, na época, motivo de orgulho patriótico. Chico, nervoso, aproveitou para abrir a garrafa de uísque que trouxera e todos juntos brindaram à volta dele, passando a tampinha com a bebida de mão em mão.

Chico era meu marido na época. Foi solto no início da noite e seguimos até a casa de amigos para encontrar o Gabeira. Na volta, meu carro caiu num buraco, perdi a direção e bati numa árvore. Chico foi para o hospital com fratura de crânio e eu para a casa da família dele explicar o que acontecera. Foi meu único acidente de carro e talvez a noite mais difícil da minha vida. A noite dele foi pavorosa. No hospital, faziam testes para saber se estava consciente: "Onde você está?" Ele, depois de dez anos de exílio, não tinha muita certeza se aquilo era o Brasil, certamente não era o país que fantasiara encontrar no retorno. Operado, ficou no hospital uma semana. Quando fui ao encontro de sua família, reunida para recebê-lo, dei a notícia do acidente e foi outro desastre. Acharam que eu estava mentindo para esconder a morte dele. A sorte é que dona Conceição, mãe do Chico, era doce e delicada. Foi vê-lo no dia seguinte e acalmou a parentada.

O casamento resistiu. Chico e eu tínhamos sido colegas na Escola de Comunicação da UFRJ e, depois, nos reencontramos na semana do sequestro do embaixador norte-americano: eu namorando um amigo dele, ele com a mulher recém-chegada de uma temporada no Sul. Era sábado, jantamos os quatro, ele contando como tinha sido preso, antes do exílio, ao entrar numa área proibida do aeroporto, cobrindo para a revista *O Cruzeiro* a partida dos presos trocados pela liberdade do embaixador.

Na segunda-feira seguinte ao reencontro, Chico estava escondido no apartamento onde meu namorado e eu morávamos; a mulher dele foi comigo para a casa da minha mãe. Naquela manhã, na redação, Chico fora avisado de que a Kombi usada para transportar o embaixador era dele, fora comprada em seu nome para o MR-8 com o objetivo de distribuir o jornal editado pela organização. Ele não participou dos planos do sequestro, estava há semanas na Amazônia fazendo uma reportagem. Precisou fugir e, muitos exílios depois, estava morando na Suécia e eu em Paris. Foi me ver e passamos sete anos juntos, dos quais uns quatro no Brasil.

XI

Começar de novo

A volta ao Brasil de tanta gente fez dos aeroportos uma festa permanente, com longos e comovidos encontros entre parentes, amigos e recém-anistiados. O verão dos exilados criou o mito da reconciliação do país e a euforia tomou conta de parte da sociedade, apesar da ruína econômica. Com a debandada dos brasileiros de Paris, os grupos políticos e culturais foram murchando. Ninguém sabe dizer quando acabou o Círculo, o Saci, o Grupo de Cultura ou o exato momento em que as organizações de esquerda encerraram as atividades por lá.

Uma mistura de sentimentos tomou conta de todos. Mesclavam-se alegrias e tristezas. Era o fechamento de um ciclo, a perspectiva da volta trazia alegria e medo. O reencontro com a família e os amigos era bom e nem sempre fácil, pois anos de distância criavam estranhamentos e exigiam aclimatações. Ninguém tinha casa para morar e muito menos trabalho. Tínhamos em torno de 30 anos, a ditadura interrompera nossas carreiras e projetos profissionais, o Brasil mergulhara na recessão e apresentava taxas elevadas de desemprego. Era como chegar num país desconhecido e começar tudo de novo. Para o mal ou para o bem, vivíamos numa bolha em Paris, protetora às vezes e, em outras, resultado da segregação dos estrangeiros imposta pelos nativos — a cada palavra pronunciada com sotaque perceptível, os franceses a repetiam como se não tivessem entendido; as velhinhas eram as piores, sempre achavam uma maneira de deixar clara a diferença entre elas e nós. Durante os anos de exílio, era assim a vida de estrangeiros na França. Cair na real no próprio país, tantas vezes fantasiado, foi um choque.

Ao voltar para o Rio, Lena T. chorava o tempo todo, lembrando-se dos companheiros mortos ao passar pelos locais em que os confrontos com a polícia haviam acontecido. No exílio, ela não sofria por não poder vir ao Brasil. Ao contrário, ficava alegre quando voltava para Paris de viagens pela Europa, refletindo que era lá a sua casa. Imaginara retomar a militância no Brasil, imaginara que cairia num burburinho político e se enturmaria nos movimentos sociais.

"Mas nada disso aconteceu. Deste ponto de vista, o país era o mesmo de antes. Cada um teve de seguir com a vida, trabalhar."

Foi fazer análise cinco vezes por semana, o namorado brasileiro ligava de Paris e chamava-a para voltar, largar tudo por aqui. Começou a trabalhar na área de comunicação da Fundação Nacional do Bem-Estar do Menor (Funabem, hoje Departamento Geral de Ações Socioeducativas — Degase), internato para crianças e adolescentes infratores no Rio de Janeiro, com péssima fama. Os meninos ficavam em Quintino Bocaiúva, a diretoria, na praça Mauá, e Lena circulava entre os dois. Não se preocupou em entrar em sintonia com a moda nos escritórios brasileiros, manteve o estilo feminista parisiense, cabelão ruivo, pernas sem depilar.

"Estava totalmente desadaptada. Um dos garotos da Funabem me olhou meio rindo e disse: 'Cabelão, hein, tia?'"

Lena emendou vários trabalhos: foi assessora do deputado Alfredo Sirkis (na época, no Partido Verde), trabalhou na Embrafilme até o Plano Collor acabar com o cinema brasileiro e ela ficar desempregada. O namorado voltou ao Brasil e, numa conversa sobre o futuro, deixou claro que se ela chegasse grávida em casa, ele sairia pela outra porta. Foi ela quem saiu, encontrou um amor novo numa festa e ficou grávida. Impôs limites ao parceiro: queria o filho, mas não pretendia casar e formar família.

"Ele achou que estava blefando e nunca me perdoou quando viu que era verdade. Mas eu não queria reproduzir o triângulo pai, mãe e filho, achava careta."

No dia em que nasceu Julia, hoje uma linda mulher e atriz, estavam o pai do bebê e os dois ex-maridos de Lena. "Ele foi um pai maravilhoso, superpresente. Morou os seis primeiros meses da filha lá em casa e ajudava em tudo, até na doença da minha mãe. Eu queria fazer algo diferente na vida particular e fiz."

Com filha para criar, pais velhinhos e falidos, Lena mudou de vida de novo. Fez concurso, assumiu um alto posto no Judiciário e lá ficou por trinta anos. "Virei outra pessoa", conta ela, rindo. "Um amigo dizia que eu parecia estar em outra encarnação."

A volta ao Brasil definiu novos caminhos para todas. Glória, ao chegar, precisou respirar ares diferentes depois da festa no aeroporto e na casa da família. "A sensação era de não saber onde você está, quem é você. E todo mundo falando com o meu eu do passado." Foi viajar durante vinte dias por um Brasil que jamais vira, subindo o rio Tocantins e o Araguaia, parando em todas as pequenas cidades do caminho, deslumbrando-se com as paisagens e a gente do interior.

O caminho profissional acabou em conexão com as performances criadas por ela no Círculo e no CBA, em Paris. Acha que foi convidada para trabalhar na Fundação Nacional de Artes (Funarte) pelo crítico de arte e professor Paulo Sergio Duarte, também ex-exilado, por conta daqueles eventos parisienses. Ele era coordenador do programa de Arte Brasileira Contemporânea e chamou-a para fazer produção de catálogos e exposições, em contato direto com os artistas. Quando Paulo Sergio tornou-se diretor do Instituto Nacional de Artes Plásticas, Glória o substituiu na coordenação do programa na Funarte.

"Me apaixonei totalmente. Faz 39 anos", diz.

Começou a estudar, fez mestrado na Pontifícia Universidade Católica (PUC), doutorado na França. O tema de sua tese era Walter de Maria, artista norte-americano de *land art*. Tinha visto obras dele em

Nova York, fizemos juntas viagens pela França e Holanda para conhecer os trabalhos dos artistas deste movimento, em que a natureza é parte da arte. Ao pesquisar sobre De Maria, a menina que nasceu numa fazenda do Maranhão foi parar sozinha em Albuquerque, Novo México — viajando de táxi de Las Vegas, Nevada —, para conhecer o *Campo de forças*, obra maior do artista. "De tarde, o administrador vai embora e ficam só os visitantes, e todos dormem lá, nas cabanas. A luz da noite muda o tempo todo, é muito impressionante a maneira como ilumina os para-raios superpolidos. Não caiu raio e ninguém viu cair raio. Mas não precisa, é maravilhoso."

Voltou ao Brasil de novo para dar aulas na UFRJ, influenciou uma geração de artistas, fez curadorias de inúmeras exposições, dirigiu uma coleção sobre arte na editora Zahar, fez catálogos *raisonnés* de artistas, alguns livros e exposições com suas fotos. Era também uma palestrante bem cotada neste circuito. Desde então, ela mora no Rio e o marido, em Paris. "Faz 25 anos que vivemos assim. Não é maravilhoso, mas facilita. Casamento tem uma hora que é só repetição. Aí, preferi morar aqui."

América, por sua vez, teve uma partida diferente. Não tinha dúvidas de que queria voltar. Em Paris, trabalhava tanto — correndo entre um metrô e outro, de uma faxina para a próxima —, que só conheceu a cidade quando foi de férias, tempos depois. "Só andava debaixo da terra, não via nada." Para voltar ao Brasil, passou por uma dura batalha convencendo a filha, Elisa, a vir também. Uma noite, Elisa dormia enquanto as mulheres estavam reunidas conversando sobre o retorno. A menina tinha 6 anos e acordou danada com o que ouvia: "Eu estou indo a pulso para este país que expulsou vocês todinhas. Não vou voltar, nunca fui lá", irritou-se. América nota nela a herança do exílio. "Foi alfabetizada em francês, até hoje ela é cartesiana como uma francesa."

A filha de Sandra, a hoje cineasta Flavia Castro, colou imagens e palavras no exílio ainda invisível das crianças brasileiras. No seu mais recente longa-metragem, *Deslembro*, foca no sentimento de raiva, impotência e inadaptação de uma adolescente, obrigada a mudar mais uma vez de país quando os pais decidem trocar Paris pelo Rio. Na vida real, Flavia, dos 5 aos 14 anos, passou por oito mudanças, de um país para outro, ao sabor dos golpes de Estado na América Latina. Em Paris, finalmente levando uma vida relativamente estável, odiou ser obrigada a vir para o Rio, exatamente quando pretendia transformar seus diários no primeiro livro.

"Sempre achei que aos 12 teria publicado meu primeiro livro. Não consegui e tinha certeza de que o escreveria aos 14, mas vim para o Brasil. Não sabia escrever em português, porque fui alfabetizada em francês. Perdi a língua, acho que por isso troquei a literatura pelo cinema", contou-me numa entrevista.

Não por acaso, na primeira cena de seu filme, a personagem rasga o passaporte, joga os pedaços na privada e dá descarga.

Vera Valdez demorou mais a chegar, mesmo sem ter de enfrentar oposições dentro de casa. Estava casada, veio morar no Rio com o marido da época e a filha mais nova. Só que o intelectual paulista não resistiu às voltas frenéticas de Mariana de patins pelo apartamento e a família se dissolveu rápido. Vera voltou para sua turma e foi recebida com alegria pela tribo da contracultura.

Ela descreve assim esse período: "Eu fui uma das últimas a voltar. Gabeirão [Fernando Gabeira] já tinha chegado de sunguinha, Zé Celso desesperado correndo atrás de dinheiro, em São Paulo e no Rio. Bate no posto 9, quem encontra? Verão!!", diz, referindo-se a ela mesma.

Levantaram um financiamento, Vera conseguiu de graça todo o figurino na TVE, vestiu Henriette Morineau e Henriqueta Brieba, atrizes da primeira montagem de *O rei da vela* pelo Teatro Oficina. "Foi muito bonito, todos que quiseram protestar foram lá."

Ali, recomeçou sua história de amor com o teatro. Foi cooptada por Zé Celso e há trinta anos é parte do Grupo Oficina. Nos anos

1960, em sua primeira encarnação, a companhia paulista já fazia um teatro marcado pela transgressão, crítica social e de costumes. Sofreu um cerco da ditadura: vinte homens do Comando de Caça aos Comunistas (CCC), armados de cassetete, invadiram o espaço, espancaram o elenco e quebraram tudo. A censura proibiu e cancelou peças em cartaz. Para culminar, um incêndio destruiu o teatro.

O renascimento aconteceu a partir de 1984, quando a arquiteta ítalo-brasileira Lina Bo Bardi, em parceria com o arquiteto Edson Elito, comprou a briga de Zé Celso e um novo Oficina surgiu, com arquitetura linda e revolucionária, em que o espaço cênico dialoga com a cultura do Bixiga e a rua parece entrar teatro adentro.

Enquanto as obras aconteciam, o grupo foi ensaiando *As bacantes* na casa do Zé Celso, ali perto. Vera mudou-se para São Paulo e começou vida nova. Comprou um apartamentinho na Boa Vista, a dez minutos a pé do teatro, e lá criou dois bisnetos, hoje já em torno dos 20. Até o início da pandemia, trabalhava como atriz no Oficina, recebendo um salário modesto.

Lena G. ainda passou por mais um exílio antes de voltar. À procura de um trabalho qualificado, foi parar em Moçambique como parte da equipe de cooperação internacional do governo da Frente de Libertação de Moçambique (Frelimo). O trabalho era interessante e bem-pago. Em Paris, não tinha perspectiva de se sustentar, a não ser trabalhando como babá ou faxineira. Tinha diploma de terceiro grau, mas não pretendia seguir carreira acadêmica. A volta ao Brasil ainda não estava no horizonte. Apaixonada e feliz com o companheiro, o sociólogo Sérgio Tolipan, começou a conversar se iriam juntos para a África. A dificuldade era que a família do marido tinha crescido. Afora Lena G., a enteada e o filho dele, havia ainda a ex-mulher e o novo marido dela. Lena decidiu viajar com a filha, Kenia.

"Deixei os outros conversando e fui. Gostava dele e corria o sério risco de ele não ir. Se não tivesse passado pelo Círculo, jamais teria viajado sozinha", conta.

Cada um no seu tempo, acabaram indo quase todos para Moçambique, menos o novo marido da ex-mulher de Sérgio. Durante um ano, Lena trabalhou como professora de História na Escola Comercial de Maputo, e o marido, no Ministério da Agricultura, num projeto de produção agrícola coletiva. Lena pretendia continuar militando como feminista, mas a grande luta das mulheres africanas era contra a bigamia, sob a liderança de Graça Machel, na época ainda casada com o presidente Samora Machel — depois da morte de Samora, num suspeito desastre de avião, Graça viveu com Nelson Mandela até a morte dele.

"Conhecemos pessoas interessantíssimas, alguns tinham lutado com a Frelimo pela independência de Moçambique, foi um período muito rico."

Voltaram às vésperas da anistia, aproveitando a conquista de um passaporte válido por dois meses. As crianças estavam com 6 anos, precisavam de uma escola, eram muitas vontades diferentes a conciliar na nova e na antiga família. Sérgio, com a ironia afiada de sempre, resumiu assim a chegada ao Brasil, numa frase:

"A anistia foi a última sacanagem da ditadura com a gente."

Ambos foram trabalhar como analistas de impactos sociais em grandes projetos de engenharia, como barragens e usinas hidrelétricas. Ele na Engevix, ela na Concremat, e, depois, como autônomos, em várias empresas. Durou até as boiadas começarem a passar no Ministério do Meio Ambiente e em todos os órgãos ambientais, a partir da eleição de Jair Bolsonaro.

Para Eliana, a chegada marcou um período de engajamento político. Como as outras, tinha sentimentos misturados. Angustiava-se por cair de paraquedas no país; tinha formação qualificada, mas não uma profissão definida. Começou a dar aulas de francês, fez sucesso, engrenou nesse caminho e transformou-se numa tradutora reconhecida por seus pares, indicada muitas vezes a prêmios.

A sensação de reencontrar o calor e a música no Rio era uma delícia e o momento político dava-lhe grandes esperanças. Participou da criação do Partido dos Trabalhadores (PT), viajou para cobrir em São Paulo uma assembleia de metalúrgicos e testemunhou Lula em ação no ABC. Fez parte da campanha do sociólogo Liszt Vieira para deputado estadual no Rio, com uma plataforma que abarcava ecologia, direitos das mulheres e LGBTs, bandeiras de vanguarda no cenário político eleitoral da época. Eram tempos brutos: Liszt, ao voltar do exílio, era chamado de "veado verde", mas foi eleito deputado pelo PT com grande votação, uma alegria para os progressistas.

Mais tarde, Eliana passou a frequentar as reuniões no Rio para a organização do PT. Eram na sede da União Nacional dos Estudantes (UNE) — hoje, um anexo da UFRJ — e, com o humor ferino dos cariocas, aqueles encontros foram batizados de "Guerra das estrelas": todas as lideranças de 1968 estavam lá e competiam para ver quem brilhava mais ao microfone. Era a geração cujas carreiras haviam sido sufocadas pela ditadura, mas agora ingressava no cenário da política institucional. Dali saíram vereadores, deputados, ministros, presidentes de partido e dois presidentes da República — Lula e Dilma.

"O nascimento do PT era uma maravilha, foi a experiência político-partidária mais interessante, um partido criado de baixo para cima. Ver a trajetória do Lula era um sinal de que o Brasil estava conseguindo olhar para a sua própria cara. O partido éramos nós."

Começou assim a transição para a democracia. Com a revogação do AI-5, o fim da censura à imprensa e a reforma partidária, com velhos e novos atores integrados no cenário político. A anistia, porém, é até hoje uma obra inacabada. O primeiro homem dos porões da ditadura foi condenado em junho de 2021, 42 anos depois de a lei ser aprovada. Num país sem resgate da verdade histórica dos anos de chumbo, mais de quatro décadas depois, um presidente brasileiro se permitiu defender a ditadura e glorificar torturadores.

"Quando você é jovem, quer olhar para a frente. A criação do PT animava as pessoas e políticos experientes, como o crítico de arte Mário Pedrosa e o historiador Sérgio Buarque de Hollanda, também fundadores do partido. Era o novo", diz Jorge Eduardo Saavedra

Durão, pesquisador da Federação de Órgãos para Assistência Social e Educacional (Fase) e, na época, vice-presidente do CBA do Rio.

A geração 1968 retornava envolta em incertezas. O país e eles mesmos tinham mudado para sempre, mas acharam novos companheiros de viagem.

Betânia veio para o Ano-Novo de 1979/1980. Ela se lembra dos seus sentimentos na hora de deixar Paris: "Estava alegre, estava triste, a certeza da volta era entremeada com mil agonias. Tinha a angústia de deixar a França e de não saber como seriam os reencontros pessoais."

Chegou em Recife, toda a família alagoana viajara para recebê-la com festa, e os amigos também estavam no aeroporto. Foi passar o réveillon em Maceió, rever sua terra, ver a avó, revisitar a infância. Festejou o novo ano com amigos do exílio e do passado mais remoto. O primeiro choque cultural aconteceu quando, já de madrugada, num restaurante, o grupo viu uma briga em que pessoas próximas estavam envolvidas:

"Tomei contato direto com a violência alagoana. Um monte de homens brigando, tinha até sangue correndo. E eu horrorizada, fazendo o discurso da feminista parisiense", conta, ironizando o seu jeito de estrangeira ao reencontrar o país.

Na época do retorno, a ideia do Brasil como um país acolhedor foi a primeira a ser reavaliada: um dos motivos era o tratamento dado a elas nas ruas e na mídia. Eliana sentiu o golpe: "Na França, as bandeiras feministas já estavam mais assimiladas pela mídia, era mais leve."

A maioria dos amigos foi para o Rio ou São Paulo. Betânia ficou no Nordeste e sentia-se isolada. "Essa experiência de viver em outro lugar muitos anos marca uma outra maneira de estar no mundo, você está sempre separada das pessoas que verdadeiramente fazem parte da sua vida. Naquela época, isso era novo, hoje está consolidado como um jeito da minha vida", reflete.

Foi num encontro de mulheres com gente de todo o Nordeste que ela começou a conhecer novas companheiras, especialmente as militantes do Ação Mulher, um grupo bem radical, no qual foi acolhida e com o qual se envolveu. "Me arranjaram trabalho numa pesquisa, foi meu lugar de reinserção, lugar de amizade e afeto", diz.

Resolveu morar no Recife, participou da criação de um coletivo de educação popular feminista e, assim, passaram-se quarenta anos, comemorados em 2021. A ONG juntou o profissionalismo à política e é uma referência importante na cidade, com cursos, pesquisas, seminários, eventos e uma bela biblioteca, que atrai gente de todo lugar para consultas. Com um rico acervo da produção intelectual das mulheres, a ONG migrou para o digital e desenvolveu uma comunicação mais forte nas redes. Betânia, feminista reconhecida, corre o mundo — ou corria, até começar a pandemia — em congressos, palestras e encontros. Esse virou seu novo normal, é uma feminista com lugar na história e no presente do movimento.

Ela e muitos milhões de outras mulheres também mudaram o jeito de o país olhar para nós.

XII

Briga pela vida

"Glória Gloriosa é guerreira", saudamos a amiga quando ela saiu do hospital. Em junho de 2021, ainda presa à parafernália do *home care*, ela já estava revendo as quinhentas páginas do livro em que registrou seu olhar sobre arte contemporânea, entremeado de reflexões sobre a vida dos últimos quarenta anos, de 1989 a 2018. As amigas, artistas e ex-alunas, estavam à procura de editora para publicar seus ensaios e entrevistas com artistas, produzidos ao longo da carreira como crítica de arte, curadora, pesquisadora e professora. Paralelamente, estava em preparação um dossiê sobre seu legado para o novo número da *Arte & Ensaios*, revista do programa de pós-graduação da Escola de Belas-Artes, fundada pela própria Glória quando era professora da UFRJ. Os dois livros sobre seu legado ficaram prontos antes de ela sair do hospital.

Há quase dois anos, ela passa por dolorosos tratamentos para continuar viva, depois de pegar Covid, doença agravada pela saúde frágil. Acompanhamos ansiosas e agoniadas a sua saga no hospital, através de mensagens diárias pelo WhatsApp. Ao ser internada, Glória foi direto para o oxigênio; pouco depois, foi entubada. Às vésperas do Natal de 2020, sua sobrinha querida mandava um áudio: "Acho que nosso presente de Natal veio antes: tia Glória está acordada, esperta, vai ser desentubada."

No dia seguinte, a desilusão. Precisou ser reentubada, não conseguia respirar sem apoio. O rim deu problema, o pâncreas também, acabaram descobrindo que a crise era na vesícula e ela teve de passar por mais uma operação, também muito necessária e perigosa. Glória enfrentou ainda uma traqueostomia e outros tratamentos de alto risco para quem estava já vulnerável por conta de sucessivos problemas de saúde. Assim transcorreram os primeiros seis meses de hospital: com altos e baixos, esperanças e desilusões.

Ela ficou três meses em coma induzido. Mais de uma vez, foi desenganada pelos médicos em ligações no meio da madrugada para o marido na França, alertando que dificilmente passaria daquela noite. Outra vez, chegou-se a pensar se valia continuar bombardeando-a com remédios, tubos, sondas e acessos intravenosos. Um áudio da médica dava notícias:

"A situação é complicada. A função renal está sofrendo, provavelmente efeito desses antibióticos e fungos. Estando imunossuprimida (com altas doses de corticoide), há muito tempo no hospital e invadida por tantos tratamentos, tudo isso dá chance dessas coisas acontecerem."

Glória ressuscitava sempre. As notícias boas eram transmitidas pela médica à família, que as retransmitia para uma amiga, encarregada de compartilhar com todos os outros. As más ficavam restritas aos superíntimos. Choramos de tristeza a cada vez que ficava difícil escapar e choramos de alegria a cada vez que ela driblou a morte. Muitas flores a esperavam em maio de 2021, ao sair do hospital para casa, ainda com *home care*, ainda se alimentando por sonda, sem poder beber nem água, com duas enfermeiras de plantão grudadas nela. A vontade de viver continuava. Saiu, de cadeira de rodas, com um sorriso, punho erguido e um cartaz: "Eu venci a Covid."

Chegou ao Leme às vésperas de fazer 74. Estavam proibidas as visitas, mas soubemos que precisava de camisolas. Ganhou dez, de cores variadas, todas lindas, e, coquete, passou a vesti-las para nos receber quando finalmente pudemos vê-la. Estava sofrida: falava por um microfonezinho adaptado ao buraco da traqueostomia, mas seus olhos brilhavam de alegria quando chegavam os amigos. Com a cabeça ótima, logo ficou, como sempre, cercada de livros e jornais, que lia e comentava. No aniversário, pediu um Gregório de Matos, poeta barroco, conhecido como Boca do Inferno por sátiras à Igreja no século XVII. O escritor tem fãs ardorosos, mas por que era seu objeto de desejo agora, só ela podia entender.

A previsão era ficar ainda de três a seis meses com o *home care*, um dia melhor, outro pior. Mas não está sendo tão fácil. Uma das enfermeiras que ainda a acompanha surpreende-se com a força da maranhense: "Ela não reclama de nada, sou enfermeira há onze anos, nunca vi alguém assim." Uma anemia e uma Covid satélite — seja lá o que isso for — levaram-na novamente ao hospital.

Parecia ter dado a volta por cima ao ir para um hospital de trânsito, onde reaprenderia a andar, comer e tentar uma vida normal. O diagnóstico da médica era animador: "Está muito bem, sem infecção, lúcida, conversando, entendendo tudo direitinho. Tem de andar pra frente, tirar aquela cânula, voltar a comer, andar. Ela foi muito guerreira, sobreviveu a um AVC, a uma Covid grave, não pode ficar nessa morosidade, achando que vai ficar assim pro resto da vida."

Há trinta anos Glória enfrenta as consequências de um tumor na hipófise, órgão que regula todas as funções do corpo e, quando não funciona, problemas se sucedem: dores infernais, apaziguadas com cortisona e outras bombas em forma de remédios que, por sua vez, atacam os ossos e assim vai. Glória foi a Paris para se casar e não acordou para a lua de mel. Entrou em coma e assim continuou por três meses. Ela delirava, o marido não entendia português, até que um amigo brasileiro chegou e ela perguntou:

"Isso é real?" Ele confirmou.

Glória se recuperou e os prognósticos eram de que tinha apenas dez anos de vida. Fez doutorado, tese, foi curadora de inúmeras exposições, escreveu livros, deu aulas na universidade, formou uma geração de artistas, viajou pelo mundo vendo trabalhos de arte e dando palestras, publicou, pelo menos, três livros com suas fotos. Às vezes tinha de parar tudo para se tratar.

Ela andava cansada dessas batalhas sucessivas e ressentia-se de que já não a chamavam para trabalhos por causa da doença. Sentia-se isolada, soube que alguns dos ex-colegas avisavam sobre seu estado de saúde e, quando seu nome era lembrado, sugeriam que era melhor não.

Quando a Covid atacou, foi da vontade de viver que tirou forças para se emocionar ao ver os amigos ou ficar alegre com a autorização para comer, uma banana que fosse. Mantém a esperança de voltar a respirar sem aparelhos e, enquanto isso, arquitetava um projeto para os cem anos da Semana de Arte Moderna.

Escreveu para mim no WhatsApp: "Vamos comemorar um dia desses, quando eu puder beber... pelo menos água." Ainda não deu: Glória passou por mais um AVC e uma crise cardíaca. "Seu estado é desesperador", escreveu o marido por e-mail quando ela voltou mais uma vez para o hospital. Mas Glória está vencendo a briga pela vida. A esperança e a luta continuam.

Resistimos, agora vivendo sob a nova nomenclatura de grupo de risco. O menos reconhecido dos "ismos", se comparado a racismo e machismo, é o etarismo, ou ageísmo, ou velhofobia. É o preconceito em relação à idade, e o alvo certeiro é a mulher mais velha, discriminada profissional e/ou socialmente. Como lembra a professora da UFRJ Beatriz Resende, as vozes que impulsionaram as mudanças sociais e construíram a redemocratização do país parecem não ser mais necessárias. Afastada da sociabilidade por conta da pandemia, disputando com jovens o último respirador disponível, toda uma geração tornou-se descartável.[30] A Organização Mundial da Saúde (OMS) ainda chancelou o preconceito, ao incluir e depois excluir a velhice como doença. As mulheres mais velhas foram atacadas e xingadas nas ruas, mandadas para casa aos gritos porque caberia a elas — e só a elas — se isolar.

Aconteceu no Brasil, onde Bolsonaro se desresponsabilizou pela vida dos mais velhos, alegando que "todo mundo vai morrer mesmo", e minimizou os mais de 600 mil mortos até dezembro de 2021 ao dizer que o vírus só antecipou em dias ou semanas o fim dessas pessoas. Uma deputada propôs a solução final para os "idosos" em nome da vida dos jovens. A velhofobia foi verbalizada também pelo presidente da França, Emmanuel Macron, ao culpar uma mulher de 73 anos por ferimentos sofridos pela brutal ação das forças de segurança de seu governo ao reprimir um protesto. "A senhora deveria ter mais juízo e não se colocar em situações de perigo", foi o recado mandado por ele a Geneviève Legay, hospitalizada com várias fraturas pelo corpo.

Aqui a resposta foi o "Fora Bolsonaro" nos locais de vacinação, grito de guerra lançado pelas mais velhas e depois popularizado por todos, em protesto contra as constantes demonstrações de negligência do presidente com a saúde pública. Lá, surgiu o *Vieilles et pas sages* (Velhas e sem juízo). As mulheres se assumiram como "velhas" para contestar o estereótipo que as liga à paciência e ao enclausuramento. O grupo francês, com 1,8 milhão de seguidores nas redes, é liderado por Geneviève, transformada em celebridade instantânea ao peitar Macron.

Ela explicou ao presidente: "Eu sou uma cidadã, milito há 45 anos, vou continuar reivindicando."

Na França, já existem há mais tempo o Menopausa Rebelde e o Babayaga — os dois criados por militantes dos anos 1970 após serem confrontadas com o rótulo de "idosas", essa palavra detestável. O Babayaga é uma espécie de Casa dos Artistas para feministas, organizada em torno da solidariedade e da autogestão. Nos Estados Unidos, surgiu o Gray Power, uma adaptação grisalha do Black Power dos anos 1960/1970, ainda com sangue nos olhos.

Todas essas mulheres, que anteciparam o jeito de viver do século XXI ao se engajar nas lutas feministas, andando pelo mundo em exílios e a trabalho, apostando numa vida intensa mais do que na estabilidade de casamentos. Agora, aos 60 e 70+, transformam a desqualificação ligada à idade em causa política:

"Peitamos, porque nossa luta vem de longe."

O Círculo voltou a existir por um fim de semana. Pela primeira vez depois de quarenta anos, as mulheres do grupo encontraram-se todas, ou quase, em Paraty. A reunião mexeu com a cabeça delas: a repentina volta ao passado, em fotos, textos, abraços, risadas, era uma alegria, mas inevitavelmente levava ao balanço da vida. A eleição de Bolsonaro e a destruição das políticas públicas, a perda de direitos, o autoritarismo e as ameaças de golpe cutucaram a ferida deixada pelos tempos de medo, perseguição, prisão e tortura. A pandemia, com seu rastro de fluidez, desalento e insegurança, aguçou a dor e formou uma tempestade perfeita. Nas palavras de Silvio Almeida, colunista da *Folha de S.Paulo*, estamos vivendo um excesso de presente e escassez de futuro. "Viver em nosso tempo é sentir-se preso no presente e determinado por um passado terrível que não conseguimos ressignificar."

Essa fluidez do futuro, que provoca medo e insegurança em bilhões de pessoas no planeta, é mais acentuada entre os 70+. Lena T. sente-se "solta no ar", nome com que batizou uma das suas bonecas, expressando os sentimentos do agora. "Se puder usar uma imagem, eu me sinto como a mulher que solta pipa, mas a pipa veio para o chão e eu estou lá no alto, completamente sem chão. Não me reconheço nesse lugar, choro, fico puta, pareço um leão na jaula. Tento salvar cada dia. Faço bonecas, escrevo, leio, vejo filmes. Passar um dia já é..."

Lena G. achou um jeito de não se deprimir. Ela e uma vizinha construíram uma praia particular no vão de uns quinze metros, ao lado da garagem do prédio, na pracinha da General Glicério, em Laranjeiras, no Rio. Nesse vão, o sol bate duas horas por dia e para lá vão elas de biquíni e canga. Instalaram espreguiçadeiras e um chuveirão. As pessoas que passam na rua param para conversar e aplaudem. Elas riem.

Betânia acentua a dupla tragédia vivida agora, a política e a da pandemia, com todo o seu cortejo de horrores: aumento da pobreza, fome, desabrigados. Centenas de milhares de mortos, 15 milhões de desempregados, 19 milhões de brasileiros com fome, 46% das famílias com filhos de até 5 anos vivendo a insegurança alimentar, obrigadas a escolhas diárias entre comprar gás ou comida, a passagem de ônibus ou o leite das crianças.

A precariedade induzida pelo Estado durante a pandemia, através da ausência de políticas públicas e de redes de proteção, mostra como o governo considera que essas vidas não importam, são descartáveis e não têm direito ao luto. A máquina de destruição cotidiana em ação no governo Bolsonaro já levou também ao apagamento da cultura, da proteção ao meio ambiente, da saúde, ciência e educação, à devastação do país e do dia a dia dos cidadãos.

Sandra escreveu no nosso grupo de WhatsApp:

"Estou triste, triste, triste. Como devem estar todos nós que amamos tanto a revolução. Me confronto diariamente com três problemas simultâneos: a pandemia, Bolsonaro e a velhice. Isso me deixa aflita para inventar novos projetos. Acumulam-se ideias, mas falta foco, falta concentração e falta decidir qual será meu novo projeto de vida."

A ideia de partir para o exterior é inevitável para quem já passou por exílios e temporadas de trabalho fora do Brasil. A tentação é repetir um passado em que a saída do país — obrigada ou voluntária — trouxe tristezas, mas abriu horizontes, enriqueceu a vida e acalmou a angústia de existir sob a ditadura.

O mesmo ar pesado está de volta agora. Para mim, partir foi sempre uma maneira de começar de novo ou, na linguagem do meu companheiro de vida e viagens, dar um cavalo de pau no cotidiano moroso. Minhas amigas feministas se entusiasmaram quando anunciei que partia para um período sabático na Universidade de Columbia, em Nova York. Aos 70+, todas também querem dar um cavalo de pau e se largar na vida. Envelhecer é para as fortes.

Lena T. também já decidiu: vai embora do país. "Fui obrigada a sair pela ditadura, agora não vou passar os últimos anos da minha vida num país sob Bolsonaro, vendo tudo ser destruído." Ela faz contatos para expor suas bonecas nas galerias de Portugal; a filha e o genro também estão prospectando universidades, ela, para aprofundar o trabalho de atriz, ele, de dramaturgo.

Lena ainda está se reconstruindo depois de levar uma rasteira da melhor amiga e também advogada no inventário de sua mãe. Com a vida arrumada, Lena parou de trabalhar e desfrutava de uma boa aposentadoria. Convivia com amigos, tinha "um senhor que a acompanhava" — sem sexo, mas boa companhia para viagens e jantares. Até que, doze anos depois da morte da mãe, recebeu uma notificação judicial comunicando-a de que era processada por receber indevidamente a pensão da mãe. A denúncia era anônima, mas a acusação veio da "amiga de adolescência", aquela que considerava irmã e com quem fazia tudo junto. Uma comprava sapato branco com presilha marrom, a outra usava o mesmo modelo em marrom com o detalhe em branco. Nos períodos em que estavam casadas, saíam os quatro para jantar. Quando ficaram sem trabalho, estudaram juntas para fazer um concurso público: Lena passou, ela foi reprovada.

"Foi inveja", conclui Lena.

A suposta amiga, falida, recebera uma procuração, como advogada da família, para fechar a conta da velhinha morta e, em vez disso, continuou a receber a pensão no nome dela. "Virou uma estelionatária, tinha mais de doze processos e eu não notei nada." Lena perdeu a aposentadoria, gastou a poupança com advogados e foram eles que impediram a penhora de seu apartamento, tentada várias vezes, mas sustada por ser seu único bem e local de moradia. Caiu no país judicializado pela operação Lava Jato, em que todos são suspeitos até prova em contrário.

"A questão é como se reinventar aos 70. Aos 30, me reinventei, mas agora é mais complicado."

O banco, onde a mãe recebia a pensão, arquivou tudo, não tinha como provar nada, muito menos contra a Lena. "Estou no meio de um vendaval jurídico." Já recuperou a pensão básica do INSS, mas não o fundo para o qual contribuiu a vida toda, agora bloqueado. Paga as contas básicas, os extras vêm do primeiro ex-marido, aquele com quem ia fazer a revolução, e da filha, que deixa uns envelopinhos com dinheiro quando a mãe precisa.

"Às vezes, me sinto em prisão domiciliar, sem dinheiro e força para aventuras ou projetos maiores."

A briga jurídica continua. Enquanto isso, ela transforma a angústia em arte.

"A velhice me deu menos ansiedade, mas ainda me cobro muito. Não me sinto confortável. As certezas que tinha em relação à política e ao feminismo estão desfeitas. Minha visão de mundo ficou mais complexa, mas não me vem uma ideia para substituir o discurso anterior. Comecei a perceber melhor a insanidade humana."

XIII

Trabalho, corpo e sexo aos 60+

Ao longo dos últimos séculos, ganhamos o maior presente da história da humanidade: mais trinta anos de vida ou um terço a mais do que tiveram nossas avós. Quem chegou aos 65, tem 50% de chance de viver até 85.[31] A longevidade conquistada colocou o envelhecimento no debate público e lançou uma pergunta: o que fazer com esse terço a mais de vida? A resposta foi irritante: criou-se a narrativa da velhice como a "melhor idade", e surgiram receitas para uma "bela velhice", todas de uma tristeza infinita.

"Fizeram uma cirurgia plástica na linguagem", "acho que idoso é uma palavra fotoshopada", "me chamem de velha", escreveu a jornalista Eliane Brum, no portal Geledés.[32]

Bem ou mal, famosas ou não, as mulheres estão reinventando a velhice. Para Jane Fonda, linda no seu casaco vermelho gritando contra Donald Trump em Washington, os 60+ são o terceiro ato de sua vida, aproveitando os trinta anos a mais ganhos com a revolução da longevidade. Num Ted Talk, assistido por 250 mil pessoas, ela garante que vive agora com um poderoso sentimento de felicidade, conseguido através da anistia das suas culpas do passado: "Estudei os meus primeiros dois atos. Fiz uma revisão da vida, voltei ao passado, achei novos significados para o vivido, me libertei. E a vida ganhou novos significados." Este não é um percurso só para os *happy few*, garante ela.

Já a pensadora alemã Hannah Arendt[33] sentia-se incomodada com o "processo de desfolhamento, como se envelhecer fosse a transformação gradual (ou até repentina) de um mundo com rostos familiares (não importa se de amigos ou inimigos), numa espécie de deserto povoado de rostos estranhos. Em outras palavras, não sou eu que me retiro, mas o mundo que se dissolve".

Simone de Beauvoir refere-se ao mesmo sentimento de desorientação em *A força das coisas*: "Quando leio impresso Simone de Beauvoir, falam-me de uma mulher jovem que não sou eu. Detesto minha imagem, de sobrancelhas caídas sobre os olhos, as papas embaixo, o rosto muito cheio e esse ar de tristeza em torno da boca que vem com as rugas."[34]

A biógrafa de Hannah Arendt, Ann Heberlein, compara o jeito de envelhecer de uma e de outra. Hannah, que também era atraente e dominava o ambiente ao chegar, não se incomodava com a beleza perdida, mas com as limitações causadas pelo envelhecimento e as doenças que a acompanhavam. Hannah discordava também da distopia de Simone de Beauvoir descrita em *A velhice*; rejeitava a obsessão dela com a juventude, preferia destacar as habilidades só possíveis para alguém que viveu muito.

Antenas dos tempos modernos, as duas filósofas marcaram o pensamento do século XX e captaram os sentimentos contraditórios vividos por nós no XXI. Para o bem ou para o mal. Arendt destaca que "a velhice nos oferece a oportunidade de olhar o passado, compreender o significado do passado e contar nossa vida para nós mesmos". Em paralelo, o pesadelo de enfrentar o distanciamento do mundo com o sentimento de não conseguir mais acompanhar as transformações, sejam elas tecnológicas ou só o novo grupo de rock atraindo multidões de que você jamais ouviu falar.

A falta de futuro, diz Hannah, não precisa ser vivida com ansiedade. Será?

O discurso sobre a velhice vem sendo reinventado desde a chegada à meia-idade dos *baby boomers*, os nascidos no pós-guerra, que foram inovando a maneira de viver ao longo das décadas. Essa geração teve um papel na criação das novas imagens do envelhecimento: elas e eles eram parte dos movimentos sociais pós-1968, e tornaram-se produtores culturais, executivos de mídia, acadêmicos a pensar as novas cronologias da vida, cada vez menos ligadas à idade real.[35]

A partir dos anos 1990, os trabalhos analisando a velhice adotaram o ponto de vista de gênero e duas narrativas tornaram-se predominantes: uma enfatiza o declínio, outra, o sucesso. No envelhecer bem-sucedido, que leva a uma vida autônoma e com responsabilidade, celebra-se o corpo saudável e o recurso aos remédios para manter a vida sexual. O outro enfoque, ao contrário, é centrado no declínio, na forma como o corpo se torna frágil, e caracteriza a velhice como uma fase de não produtividade, de passividade crescente e de dependência.

A antropóloga Guita Grin Debert, professora titular do departamento de Antropologia da Unicamp, aprofunda a análise em *A reinvenção da velhice*.[36] Ela constata que a juventude foi transformada em um valor a ser conquistado, em qualquer etapa da vida, através da adoção do consumo e modo de viver adequados.

"Para caber mais gente neste modelo, alargou-se a faixa etária considerada jovem e criou-se nomes como 'terceira idade', idade da loba, 'aposentadoria afirmativa', 'bela velhice', mulheres maduras, prateadas... Com isso, a velhice perde conexão com a faixa etária e passa a ser vista como negligência com o corpo, falta de motivação para a vida, doença autoinfligida."

A mensagem não explícita é que só envelhece quem quer. "A ideia é que o corpo é pura maleabilidade. Consegue-se a aparência desejada através do uso das tecnologias, da indústria farmacêutica. É quase uma obrigação combater as rugas e a flacidez; se não fizer isso, não está se cuidando, é falta de autoestima, o pior pecado na vida de qualquer um. Há uma espécie de adolescentização da vida, em que é preciso fazer um novo projeto a cada etapa, comportamento típico da adolescência. Isso percorre todas as faixas etárias e não leva em conta a especificidade de cada etapa."

Betânia é otimista, mas nada ingênua sobre a "nova velhice": "O feminismo está, sim, mudando o jeito de envelhecer; estamos, sim, reinventando a velhice. Mas a gente ainda não enfrentou a reflexão sobre este assunto, ele não está nos livros e é escamoteado na vida pessoal, precisa de ousadia para enfrentar esta conversa."

Tem coisas que são fáceis de constatar. Mudou o jeito de estar no mundo, por exemplo. Elas são casadas com homens ou mulheres, ou não são casadas, têm famílias numerosas, ou não têm filhos. Com todas as dificuldades, todas tiveram a liberdade para optar pela vida que levam.

Mais: elas se vestem como querem, saem a hora que querem, se comportam como bem entendem, são o que são e pronto. Usam cabelo branco ou pintado, roupa transparente ou *tailleur* bem-comportado. Acabaram também com a cronologia regendo a vida das mulheres, não há mais hora certa de se casar, de parir filhos, avós e mães têm crianças com pequenas diferenças de idade. Betânia ressalta:

"Isso é gratificante porque milhões de mulheres investiram nisso e mudaram o jeito de estar no mundo."

Ao olharmos o nosso corpo, aquele corpo de que tanto falamos, ele não corresponde mais aos ideais tóxicos que associam juventude e beleza. Sim, "nosso corpo nos pertence", mas algumas de nós, feministas de carteirinha, ficamos incomodadas em ver refletidas no rosto as noites sem dormir, as angústias acumuladas, as muitas batalhas da vida. A partir dos 50 anos, consultamos cirurgiões sobre plásticas — ou *lifting*, na linguagem deles — e o assunto era inesgotável nas nossas conversas. Até hoje, continuamos nas agendas das dermatologistas para agulhadas de preenchimento ou tratamentos a laser. Algumas são radicalmente contra, muitas, veementemente a favor; elogios e críticas acolhem uma ou outra escolha.

Sandra descreve as mudanças do corpo marcando as décadas de vida. "Entre os 30 e 40, senti que estava começando a envelhecer. Ao virar 'balzaquiana', deixaria de ser uma gatinha como as jovens mulheres atraentes na época. Não era ainda se sentir velha, era mudar de prateleira. Quando fiz 50 anos, começou a velhice, as rugas, a diminuição da libido e da capacidade de seduzir. Aos 60, não lembro nada de significativo, a velhice verdadeira senti aos 70. Penso na finitude, a sensação de perdas que não se compensaram por novos ganhos, supostamente trazidos pela idade. Quais? Até cederem lugar no metrô passa a ser quase uma violência; os outros estão vendo e enfatizando que sou uma idosa."

A aceitação do corpo tornou-se mais difícil agora. "A velhice arrasa o corpo da gente, dá insegurança ficar nua diante do homem que conheceu seu corpo aos 20", diz Lena T. Para ela, a sensação de desconforto começou aos 50. Era uma novidade nada agradável: "Outro dia, me mandaram uma foto, eu e uma amiga nuas, a gente tinha mania de ficar nua. Tenho fotos na praia na Grécia, nos anos 1970, jogando frescobol nua, não era exibição, era aceitação do meu corpo. Agora sou invisível nas ruas, as pessoas só me veem quando começo a conversar."

Eliana também sempre gostou do seu corpo e nunca foi pudica. "Se era para ir à praia sem sutiã, oba, lá vou eu. É para ir pelada? Também vou. Agora, não, fiquei meio tímida, o peito caiu, coisas assim." Os sentimentos são dúbios: ela conta que passou a vida toda se achando horrorosa. "Aos 20, minha cara, meu peito, minha bunda. Passava dez anos, olhava a foto e me achava bonitinha. Aos 50, achei que estava na hora de parar com isso: eu sou quem eu sou e está muito bom. Ando me achando bonita."

É a beleza reinventada na velhice. Aos 60, Madonna continua sexy e provocativa, assim como Ney Matogrosso e Jane Fonda aos 80. Mrs. Fonda é perfeitamente convincente quando, na série *Grace and Frankie*, casa-se com homem mais novo e reivindica sexo três vezes por semana.

Outra que não cabe em nenhuma descrição de "velha" é Gloria Steinem, um dos mitos do feminismo, que comemorou seus 80 passeando de elefante em Botsuana; aos 81, estreou um programa na Viceland,[37] com grande sucesso entre os *millennials*; e, aos 84, sua vida virou show de sucesso na Broadway.

Os exemplos são intermináveis: a atriz britânica Helen Mirren estampou a capa da revista *Allure* aos 72 e a atriz norte-americana Lauren Hutton foi modelo para uma campanha de lingerie da Calvin Klein aos 73.

Legítima representante da turma do desbunde na década de 1970, a roqueira Rita Lee, aos 73, está fazendo quimioterapia contra um câncer de pulmão. Apesar do tratamento pesado, aparece coloridíssima em capa de revista, lança música inédita — "Change" —, prepara livro infantil sobre a morte e é homenageada com megaexposição no Museu da Imagem e do Som (MIS) em São Paulo. Numa entrevista, ela exorta todos a mudar.

"Tudo muda o tempo todo. Já fui loura, ruiva e agora tenho meus cabelos brancos, tenho a lua comigo. Sinto um vetor da vida que muda o desejo. Já transei pra caramba, agora tenho mais um tesão na alma. Já que não tem jeito mesmo, mude. [...] O que a gente mais quer no mundo neste momento? Mudar! Mudar para melhor, para mais consciência e mais luz."[38]

Zezé Motta é musa e mito do movimento negro. Aos 76 anos, enfileira trabalhos — 35 novelas, 40 filmes, 14 discos — e não aceita imposições. Desafia o tempo e só se lembra da idade quando sente dor no joelho e é impedida de correr os quatro quilômetros diários. "Se te chamarem de velha e você aceitar, você fica velha mesmo. Por enquanto, estou lutando contra meus limites."[39]

É também a dor que incomoda Lena G. aos 73 com corpinho de 45. Ex-atleta da Seleção Brasileira de Vôlei, ela descobriu artrose e artrite nas duas pernas, consequência do esforço repetido durante anos nas quadras. Faz fisioterapia e esteira, mas longas caminhadas são mais difíceis: "Isso eu senti muito, é desgaste, é velhice."

Para a nossa geração, o medo de envelhecer não está ligado só ao desgaste do corpo, o pânico é vivenciar o apagamento socioafetivo e a vida perder o sentido. Simone de Beauvoir, obcecada pela velhice no ciclo final da sua vida, avisou que não adiantava se preparar para a velhice se isso significar só guardar dinheiro e escolher um lugar acolhedor para aposentados. Manter-se ativo é fundamental e, não por acaso, novos projetos povoam o nosso cotidiano: são efeito da precarização do trabalho nesta fase da vida, mas também de interesse no mundo. Não é fofo, não é leve, às vezes dói, em outros momentos é apavorante. Mas não chega a ser uma escolha, a gente envelhece do mesmo jeito que viveu, não dá para esquecer como nos construímos.

A criativa pensadora e escritora Heloisa Buarque de Hollanda fez festança para celebrar a virada dos 8.0, posou para capa de revista e, numa longa entrevista transformada em livro, percebeu que tinha publicado três volumes nos últimos seis meses e estava escrevendo mais dois. Por quê? "O nome disso é pânico", admite.[40]

Lucia Murat, cineasta consagrada, com treze longas-metragens na lata, também ficou assustada com a possibilidade de não fazer mais filmes, por causa do desmonte das instituições de fomento no governo Bolsonaro. "Aconteceu nos anos Collor, eu pude esperar passar. Mas agora... daqui a dez anos, eu não consigo mais voltar a fazer cinema." Já adiou o problema. Saiu vencedor o projeto que ela apresentou no único edital entre 2018 e 2020, lançado pela Prefeitura de Niterói, e seu décimo quarto filme está a caminho.

XIV

As etiquetas do mercado de trabalho

Traçar as fronteiras da velhice é difícil. Cada vez mais a idade é apenas um dos indicadores; a dimensão existencial é maior, porque trata da relação de cada um de nós com o tempo. No Brasil, o rótulo de velho chega oficialmente aos 60; na Itália, aos 75. É esta faixa dos 70 aos 80 que estaria protagonizando uma revolução demográfica, como foi a criação da adolescência em meados do século XX. Mas aqui, muito mais do que nos Estados de bem-estar social europeus, é grande a diferença entre ser velho rico e ativo ou pobre e sem rede de proteção social.

Esta fatia dos 60+ é muito diversa, do ponto de vista econômico, sociocultural e principalmente em relação à autonomia. Legitimada pelo discurso de envelhecimento como processo de perdas, a aposentadoria tornou-se universal — no Brasil, foi garantida na Constituinte de 1988 e ratificada no Estatuto do Idoso em 2003. Na percepção do filósofo pop Luiz Felipe Pondé, "para os que não são consumidores e estão fora da cadeia produtiva e narrativa, a situação hoje é pior do que antes". E a antropóloga Guita Debert acrescenta: "A precariedade é muito grande para quem perdeu a autonomia. Não há políticas de acolhimento e hospedagem para idosos velhos."

Da população total do Brasil no período de 1997 e 2017, 10% eram pessoas com mais de 65 anos e os 70+ passaram de 2% para 4% dos brasileiros.[41] Nessas idades, as aposentadorias e pensões são as principais fontes de renda, já que só uma minoria privilegiada se mantém ativa e independente: 15% dos 65+ e 5% dos 75+. Não chega a ser uma escolha existencial, as restrições do mercado de trabalho por causa da idade começam aos 40 anos. Um exemplo? Em 2021, a empresa de pesquisa Gupy constatou o aumento inusitado da contratação de mão de obra de pessoas com 50+, mas ainda assim a faixa etária não representava mais do que 4% dos novos empregados, e a maioria era de executivos. As pessoas com 40+, nesse mesmo ano bom, representaram apenas 10% dos novos contratados.

Currículo ainda importa e às vezes propicia retomadas não mais esperadas. Aconteceu com Lena G. em plena crise de desemprego e péssimas expectativas para a economia. Em julho de 2021, ela conseguiu um contrato guarda-chuva de um ano em seu campo de expertise: análise dos impactos sociais de grandes projetos de engenharia. É outro segmento que vive uma tempestade perfeita, com boiadas bolsonaristas atropelando a legislação ambiental, com ausência de fiscalização de invasões e garimpos em terras indígenas e consequentes recordes de desmatamento.

"Me deu uma animada. São trabalhos pequenos, mas o contrato guarda-chuva sinaliza a intenção de me encomendar novos projetos."

Lena G. estava fazia quase um ano sem trabalho nenhum e sem perspectivas, já que Bolsonaro tenta aprovar lei dispensando a exigência de estudos de impacto ambiental de projetos, sejam eles uma hidrelétrica ou uma rodovia — por esta lei, bastaria a palavra da empresa ou do proprietário de que tudo ficaria bem.

Lena enfrenta também a questão da senioridade: a carreira bem-sucedida aumenta o preço da sua mão de obra, numa época em que cortes de despesas são brutais e fazem parte da cultura das empresas. E ainda tem a dificuldade real de voltar a empreender "as viagens malucas": no passado, ela percorreu mais de quatrocentos quilômetros fazendo trabalho de campo em torno de Carajás, usina ainda em fase de construção na época. Numa expedição mais recente, a Jacareacanga, ela saiu do Rio para o Pará, atravessou — ao longo de doze horas de carro — a Transamazônica até Itaituba, um centro regional, e de lá percorreu, por mais dez horas, uma estrada horrível, atolando várias vezes.

"É punk, não sei se aceitaria contratos com esse requisito. Mas tenho uma vantagem, gosto muito do que faço."

Foi o trabalho que a ajudou no luto pela morte repentina do marido, uma pessoa adorável, culta, irônica e cheia de talentos. "O Sergio era o amor da minha vida. Foram muitos anos, eu tinha 29 quando começamos, em 1975. Foram trinta anos juntos, sem contar os cinco trágicos da separação", lembra ela, emocionada, numa conversa filmada no apartamento de Laranjeiras, onde mora atualmente e onde os dois moravam juntos antes.

Os anos de separação começaram com uma cena chapliniana, mas pungente. Na noite de réveillon de 2000 para 2001, éramos uns vinte reunidos na casa de Vera Sílvia, perto do Posto Seis, em Copacabana, onde fomos levar flores para Iemanjá. Na volta, muita música e champanhe, Sergio saiu dançando até o elevador com uma amiga do casal e sumiu. Foi um abandono sofrido, Lena só conseguiu perdoá-lo cinco anos depois. Ainda fala com raiva daquele momento.

"Foi uma puta sacanagem. Quando a gente voltou, depois da separação, foi o melhor momento da nossa vida. O macho alfa se convenceu de que eu era a mulher da vida dele e sossegou o periquito. Foram os melhores anos que a gente teve, de mais afeto, de companheirismo, tranquilidade. Sergio era uma pessoa doce, uma mula de teimoso, mas muito doce também."

Ele estava se preparando para a morte, ela conta. "Tinha ligado o foda-se. Não procurava médico, não se tratava, estava meio de saco cheio da vida. Isso com aquela fleuma dele, sem quase deixar transparecer. Tinha muita dificuldade para dormir, insônias, não ia mais ao cinema por problemas na próstata." Lena decidiu não intervir, não ficar aporrinhando.

Sergio morreu de enfarto, assim como o pai, a mãe e o irmão mais velho.

"Foi um tranco, um tranco muito forte. Mas aí, é gozado, nos momentos mais críticos, acho que baixa uma força não sei de onde e eu reajo. Fiquei muito preocupada com Antonio e Pedro, os filhos eram ligadíssimos a ele. Essa minha preocupação fez com que começasse a sentir a falta só um tempo depois, no dia a dia, na vida. Mas aí, vai fazer o quê?"

Antonio é o filho caçula do casamento de Sergio e Lena. Pedro veio de Londres, onde nasceu na época do exílio dos pais e voltou a morar há algum tempo. Sergio era um pai, um intelectual e um cozinheiro maravilhoso. Lena guardou os livros de receita dele e ficou com um décimo da sua enorme biblioteca. Pedro, Antonio e Kenia, a filha de Lena, escolheram os livros que deixariam boas lembranças do pai e padrasto.

Ele morreu em julho; em setembro, Lena começou um trabalho novo. Os colegas eram muito jovens e o convívio com essa equipe a rejuvenesceu, criou uma relação de afeto com eles, meninos e meninas entre 20 e 25 anos.

O luto passa? "Passa e fica, lá sei eu. Fica a lembrança das coisas boas, muitas vezes me vejo falando sozinha: 'Pô, Serjoca...'"

Situações limites foram vividas por esse grupo de mulheres que, de alguma maneira, simbolizam a geração 1968. Elas tiveram uma trajetória marcada por constantes superações, algumas depois de momentos em que a violência e a morte estiveram perto: nos golpes de Estado, na clandestinidade, nos exílios, nas drogas, nos assédios, nas doenças.

Eliana percebeu que estava entrando numa espiral mortal quando passou dez dias no CTI de um hospital com pneumonia. Logo que começou a sentir dor nas costas e a tossir, foi à emergência e um ortopedista deu-lhe um opiáceo. A dor passou, a fome também, mas, ao ver um gato multicolorido e sua perna azul, foi tomar providências. Era uma pneumonia, que piorou, piorou, levou os médicos a achar que estava com câncer no pulmão. Ao sentir o amor dos amigos, visitando-a em bando — conta com voz embargada —, entendeu que ficou doente porque estava deprimida. "Estava deprimida porque fui ficando trancada dentro de casa, com trabalho, trabalho. Eu gosto muito de morar sozinha, outra coisa é ser solitária." Trocou o apartamento que comprara na Glória, onde se sentia distante do seu mundo afetivo, por um de aluguel no Arpoador e, depois, em Copacabana, menos dispendiosos e mais perto dos amigos.

"Onde já se viu alguém duro assumir uma dívida até os 80 anos?"

A família dela é minúscula, os pais morreram quando ela estava com 30 anos, tem um irmão e uma filha, os dois ex-maridos são seus melhores amigos, próximos e queridos. Tem um trabalho muito solitário: como tradutora, passa o dia inteiro sentada sozinha, em frente ao computador, com o livro e os dicionários. A doença levou-a a perceber que era hora de virar a chave mais uma vez. Já fizera isso quando parou com as drogas e repetiu com o álcool. Bebia muito, nós todas bebíamos muito e ainda bebemos bem.

"Teve uma época que devo ter dado vexames, esquecia o que tinha feito, e quando você perde a memória, você se perde."

Depois de um porre monumental, parou de vez. Não passou por tratamentos nem participou de grupos de apoio. Simplesmente parou e nunca mais bebeu, mesmo frequentando os amigos de sempre em jantares e encontros, regados a vinho. Ela pede um copo bonito e, bebendo água, participa de boa, com risadas e histórias, em jantares ou festas.

A crise econômica, que fizera murchar a carreira de tradutora, amainou, e foi com leveza que voltou para os seus dias na frente do computador. Os últimos quase dois anos com a filha e os dois netos longe foram doídos: eles se mudaram para Utrecht, acompanhando o marido e pai holandês.

"Marina é o sol da minha praia. Quando falo nela dá vontade de chorar."

Apesar disso, tudo o que não quer é morar na casa da filha seguindo aquele estereótipo da mãe velha e sozinha. "Sou independente e vou continuar, mesmo com a pandemia tirando o recheio da vida da gente: coisas simples, como sair com amigos, tomar uma água de coco a qualquer hora." O clube do livro via Zoom, as reuniões do grupo do almoço em lugares ao ar livre, a bagunça da filha e dos netos nos quinze dias de visita ao Rio já encheram seu coração de amor e seu corpo de energia. Sente-se um pouco numa corda bamba, a velhice dá angústia, mas vai aprendendo a preencher a nova vida.

Recuperar a memória é também um ato de resistência. Elas sabem e quase todas estão escrevendo para resgatar a verdade apagada e manipulada. Sandra começou um livro infantil para responder ao neto quem eram os bons e quem eram os maus nos "anos revolucionários". Lena T. está transformando sua história de vida em literatura e já escreveu umas cinquenta páginas. Betânia e Sonia tentam juntas documentar a trajetória do Círculo em Paris. Glorinha agora quer relembrar o Saci, o ateliê de arte e cultura brasileira com as crianças exiladas em Paris.

América também pretende contar a história da família e a dela. "A minha viagem é lutar para as crianças terem mais afeto, mais acolhimento. Eu não tenho poder para alterar a sociedade de classes e a extrema desigualdade do país, mas acho que posso ajudar crianças e adolescentes a se sentirem mais respeitadas."

Suas escolhas e lembranças continuam relacionadas com o passado. Décadas depois das dolorosas vivências no fim da adolescência, ela sonhou que estava na casa do meio-irmão, onde era violentada por ele. Acordou com pavor, ligou para a irmã às duas horas da manhã na França. "Não é uma loucura? Passaram-se sessenta anos... Foi pavoroso. Liguei para a única que foi solidária comigo naquela época."

Pouco antes da pandemia, viu uma menina repetir a mesma cena que ela viveu há mais de uma década. Separadas no tempo e no espaço, as duas desabaram no choro ao fim de uma palestra sobre abuso e os horrores que o seguem.

"Sofri todos estes tipos de violência que vocês trataram aí", disse a adolescente. Desta vez, foi América que mediou a conversa e abraçou a jovem dolorida.

América está no seu segundo mandato no Conselho Municipal dos Direitos das Crianças e dos Adolescentes: é uma dos conselheiros de Direito, eleitos a cada dois anos, que trabalham com outros vinte indicados pelo governo. Têm como função estabelecer as políticas da cidade para proteger meninos e meninas de todo tipo de violência, emocional, física, sexual. Cabe aos conselhos tutelares botar em prática as diretrizes e proteger os meninos e meninas diretamente, denunciar os casos à polícia, encaminhar para as assistentes sociais ou psicólogas.

"Funciona bem? Não, porque a última administração [do prefeito Marcelo Crivella] contratou muitos fundamentalistas religiosos que respondem às violências contra as crianças com a Bíblia."

América está num momento de muito trabalho, terminando o plano municipal contra a violência sexual — o mais recente era de 2009. Tenta dar uma resposta mais efetiva às terríveis estatísticas brasileiras:[42] no Brasil, a cada dez meninas, seis são abusadas, e a cada dez meninos, quatro sofrem violência sexual. A maioria dos casos acontece com crianças de até 9 anos e depois dos 15 aos 17. Começa a haver uma conscientização maior sobre essa violência, perceptível pelo aumento de denúncias ao conselho, levadas por vizinhos, alguém da família, uma madrinha.

Toda a longa carreira profissional de América, ligada à defesa de crianças e adolescentes, a faz rever sua história de vida. "O abuso emocional precede o sexual, eu era muito desmoralizada, com autoestima baixa, minha mãe não gostava de mim. Trabalhando com adolescentes, entendi que o meu problema não era só meu, é uma questão social. Tornei-me uma pessoa melhor, mais pacificada, mais humana, aberta para ver as dificuldades até das mães más, que não acreditam nos filhos quando lhes contam a violência que sofreram."

Após décadas de denúncias de abusos sexuais, as mulheres em várias partes do mundo disseram basta. No início de 2021, com estrondo, as francesas quebraram o silêncio sobre mais um tabu: o incesto. Dezenas de milhares de testemunhos, dramaticamente parecidos, contaram como foram abusados por pais, tios e irmãos quando eram crianças ou adolescentes. E mantiveram a dor escondida, exatamente como descreve América.

A segunda onda do Me Too na França começou com o lançamento do livro *La familia grande*, em que Camille Kouchner — filha de Bernard Kouchner, cofundador do Médicos Sem Fronteiras e herói da esquerda — acusa o padrasto de crime sexual contra seu irmão gêmeo, quando os dois eram pré-adolescentes. O padrasto é o também famoso cientista político Olivier Duhamel. Assim como o chefão de Hollywood Harvey Weinstein, Duhamel perdeu seus cargos e está sendo processado. Mais uma vez, muitos depoimentos chegaram às mídias sociais contando abusos de pais, tios, irmãos e padrastos.

A violência sexual definitivamente entrou na pauta mundial desde que movimentos como o brasileiro Meu Primeiro Assédio, o americano Me Too e o argentino Ni Una Menos fizeram a vergonha passar para o campo masculino e deram coragem às mulheres de exprimir a raiva e a dor vividas com o estupro. Eliana foi uma das primeiras a contar sua história. Agora, uma enorme produção de livros se espalha pelo mundo, transformando o trauma em boa literatura, como em *Vista chinesa*, da escritora brasileira Tatiana Salem Levy;[43] em depoimentos crus e duros, como em *Precisamos falar sobre abuso*, reunidos pela escritora, professora e feminista norte-americana Roxane Gay.[44] Já é um novo filão das editoras ao lado das edições e reedições de pensadoras feministas brancas e negras.

Trabalho, netos, relações amorosas, amigos, militância e filhos — frequentemente nessa ordem — estruturam a vida das mulheres da nossa geração quando chegam aos 60+. É um estar no mundo diferente das nossas mães, época em que o sentido da existência terminava junto com o fim da vida reprodutiva. Mesmo com projetos em profusão e com um longo passado de "vidas provisórias", reinventando-se a cada mexida política ou profissional, o sentimento nessa idade é o de que a qualquer momento a porta pode bater, deixando-nos de fora do espaço público.

"Eu sei o que é o medo e a fragilidade. O medo não é pelo que perdemos, é pelo que ainda podemos perder", diz a escritora norte-americana Joan Didion em *O ano do pensamento mágico*,[45] no qual conta sua história a partir do momento em que vai à cozinha preparar um uísque para ela e o marido, ouve um barulho e, quando volta, encontra-o morto no chão. A morte acontece minutos depois de os dois chegarem em casa abalados com a internação da filha no hospital.

Essa tensão também nos ronda. Vera, até os 80 e poucos, estava com frequência nas capas de revistas de moda e nas passarelas dos estilistas. Foi ela quem resolveu parar de atuar no mundo fashion, após uma carreira de sessenta anos, dos quais os últimos trinta derrubando preconceitos e desfilando os seus 50+.

"Com a idade, a gente fica insegura", diz.

Aos 79, ela disputou e perdeu para Zé Celso, 78, o papel de tia Poloca em *O rei da vela*, em temporada no Rio em 2018. "Queria estar no palco na minha cidade, na primeira vez que a cortina abrisse." Ela e Zé Celso revezavam-se como intérpretes da velha aristocrática afetada, personagem do manifesto em tom de sátira de Oswald de Andrade sobre as relações de poder e subserviência do Brasil na geopolítica mundial.

Foi com *crowdfunding* que o Grupo Oficina financiou a viagem do espetáculo para a Cidade das Artes, no Rio. Sem saber da disputa nos bastidores, os grandes doadores — Fernanda Montenegro e Caetano Veloso, entre outros — pressionaram para ver Zé Celso no palco na estreia carioca. Vera só vestiu as anquinhas do figurino da sua personagem no segundo fim de semana. Antes disso, chorou, tomou porre, ameaçou exigir que seu nome fosse retirado do programa e... entrou em cena. A briga de egos entre os dois já era recorrente, mas, dessa vez, ela ficou desestabilizada. Nos camarins, os dois evitavam ficar perto um do outro. Zé, meio doente, ela, na maquiagem, na passagem de som. Praticamente não atuou nessa temporada. Ficou doente, cansada, talvez magoada. Ainda participou da remontagem, em São Paulo, de *Roda Viva*, texto e música de Chico Buarque, transformados pela linguagem cênica de Zé Celso numa das glórias do tropicalismo desde a primeira montagem, em 1968. Vera estava desencantada. Pouco depois, o teatro fechou por causa da pandemia.

"Zé é gênio. Os gênios são fascinantes, te levam à pura paixão e ao puro ódio", diz Vera.

Ela ficou deprimida e doente. Foi o canabidiol — a maconha medicinal — que a ajudou quando teve pneumonia, foi parar no CTI por três dias e, desde então, anda com um bujãozinho portátil de oxigênio na mochila para quando lhe falta ar. Um convite para filmar na França a fez recuperar a energia e o brilho nos olhos: Paris sempre foi a sua cidade mágica, aquela onde a vida muda. Depois de um *pit stop* em Nova York, chegou à França para interpretar uma velhinha meio *voyeur* num clipe dirigido pelo genro do seu antigo amante, o barão dos anos 1960. Já se acostumou a ser a personagem que morre nos filmes e, neste curta-metragem, a família está rememorando a vida dela. Na ficção, tem sido um papel recorrente; no cotidiano, ela continua numa roda viva.

Ao voltar ao Brasil, pretendia gravar entrevistas com sua biógrafa, mas não conseguiu tempo e caiu de novo na estrada. A produção cinematográfica estava parada, mas novos caminhos se abriram para Vera: foi filmar em Friburgo, teve três dias de descanso em casa, embarcou para a Espanha, convidada para ser a protagonista de *La abuela*, longa-metragem do cineasta espanhol Paco Plaza, selecionado para o Festival de San Sebastián, um dos grandes do mundo.

"Adorei esta filmagem. Estava bem, quando acabava uma cena, era aplaudida pela equipe", relembra.

No cartaz do lançamento do filme, ela está linda, de costas, cabelos longos, e a sombra do seu corpo nu aparecendo sob um fino e transparente vestido, em cena ambientada numa sala com refinamento clássico. No início de 2022, o filme estava em cartaz na Espanha e na cinemateca de Paris.

Um novo namorado serve-lhe de agente em seus trabalhos mais recentes, ajudando-a na repatriação para o Brasil do dinheiro recebido e com intervenções pontuais quando ela precisou de cuidados. A pandemia fez esticar o tempo das filmagens e foi ele que a resgatou da Espanha na hora certa, antes de as fronteiras se fecharem. Deu-lhe de presente uma quarentena em Paris, num apartamento no Quai Malaquais, de frente para o Louvre, um belo lugar para ver o tempo passar. Vera ia para os jardins do museu tomar sol e esticava o período fora de casa — limitado pelas regras sanitárias vigentes a apenas uma hora por dia — com lápis e borracha, alterando o horário de saída de casa do cartão e se concedendo um pouquinho mais de ar livre.

Do alto dos seus 85 anos, Vera tinha uma agenda de estrela em junho de 2021. Acabara de fazer dois curtas-metragens com jovens cineastas, preparava-se para incorporar uma freira bem má em *Malês*, filme dirigido pelo cineasta Antonio Pitanga, sobre a revolta dos escravizados muçulmanos, de origem hauçá e nagô, em 1853, na Bahia. Ela ri desse novo encantamento que desperta.

"Achar uma branca com talento para ficar nua num banho mostrando as pelancas não é fácil, daí saírem atrás de mim."

Também já aceitou trabalhar numa série da Disney em que interpretará uma velha com mais de 100 anos. Enquanto os trabalhos não saíam, foi de primeira classe divulgar o *La abuela* no Festival de San Sebastián.

"O cinema me salvou, mas como viver sem teatro?"

XV

Vivendo o prazer

"Viva o prazer em todas as suas modalidades", diz Helena Bocayuva, 75, pesquisadora com doutorado em Saúde Coletiva do IMS/UERJ. Recentemente apaixonada e feliz com uma nova relação amorosa, ela defende que as mulheres de nossa geração, a das jovens nos anos 1960, tiveram sorte na busca pelo prazer. A pílula anticoncepcional e a reposição hormonal revolucionaram nossas vidas.

Tudo é polêmico, e as escolhas, muito individuais. Considerada o avanço científico mais importante do século XX, a pílula foi saudada como revolução naqueles anos em que a virgindade era tabu: liberou o sexo e mudou completamente as relações sociais ao permitir às mulheres retardar a gravidez, entrar no mercado de trabalho e fazer escolhas na vida não permitidas às suas mães. E, claro, dinamitou também as estruturas do casamento tradicional.

Sessenta anos depois, essa mesma geração que viveu a revolução sexual, ao chegar à menopausa, tem um arsenal de hidratantes e lubrificantes para contrabalançar o ressecamento da vagina e continuar fazendo sexo até quando o desejo mandar. Há muitas que não gostam de nada disso, evitam a reposição hormonal e limitam ao mínimo a interferência da indústria farmacêutica no cotidiano, sem por isso se aposentarem na cama.[46] A sexualidade não se restringe ao físico, e o delicado equilíbrio do desejo depende de como estamos nos relacionando com nós mesmas e os parceiros.

Os saberes médicos ainda recentemente afirmavam que, ao contrário dos homens, as mulheres poderiam ter relações sexuais em idade avançada. Helena não concorda: "Talvez pudessem ser estupradas, mas o prazer feminino pós-menopausa depende de estrogênio."

As práticas sexuais mudam com o avanço da idade. Os afetos são mais valorizados e a intimidade sexual torna-se mais que nunca parte do desejo. Brinquedos eróticos integram as relações de formas muito prazerosas, seja a dois, seja auxiliando a masturbação. Caiu o tabu do uso de acessórios eróticos, sinal de uma aceitação maior da sexualidade da mulher, da masturbação e da apropriação do próprio corpo. A manipulação do clitóris com pequenos vibradores pode acelerar a chegada ao orgasmo, mais lenta com a idade.

"A pequena amostra de mulheres com as quais conversei destacou a importância do olhar de desejo do parceiro amoroso. A imaginação é soberana em qualquer faixa etária", reforça Helena.

A cada namorado novo, elas trocam receitas de gel para estimular o sexo. Sempre entre quatro paredes, falam sobre os brinquedos eróticos que apimentam as relações e algumas dizem claramente que, entre novo parceiro e vibradores, ficam com a tecnologia que dá prazer. Eliana é explícita:

"Hoje, quando penso em sexo, penso mais num vibrador do que num namorado. Claro, se aparecer um setentão energético, vai ser ótimo, mas não tenho visto nenhum por aí. Vibrador é bom, falando do ponto de vista estritamente sexual. Numa relação amorosa, existem muitas outras questões envolvidas. Nunca fiz reposição hormonal, passou aquele furor. Vibrador não é mau."

Os brinquedos eróticos viraram tendência. Triplicaram as vendas entre 2019 e 2020, e, na pandemia, continuaram crescendo em torno de 10% ao ano. Muitos dos novos consumidores são *millennials*, a geração que nasceu entre os anos 1980 e meados da década de 1990.[47]

Lena G. também nunca tomou hormônios, preocupada com os possíveis efeitos colaterais. Para uma e outra, sexo deixou de ter a centralidade de antes, namorados aparecem, mas nem sempre as relações seguem adiante:

"Teve algumas pessoas por quem me interessei, mas era complicado, tinha trabalho no meio. Depois do Sergio, fiquei muito exigente."

Sites de relacionamentos não entraram no universo das pós-60. Lena tem medo de *trolls* ou golpes e a maioria simplesmente não pensou nessa hipótese para romances fora do círculo dos velhos amigos.

Vera, aos 76/77, teve uma paixão fulminante ao reencontrar um fotógrafo da sua fase maneca: foi feliz, viajaram juntos pela Europa e, ao fim do romance, chorou e jurou que nunca amara tanto. Ela tinha se casado pelo menos três vezes e namorado muito. "Amei quem eu quis, homens e mulheres." Depois dos 80, voltou a ter um namorado bem mais jovem, cada um morando num país. Ele a acompanha nos compromissos profissionais pela Europa e passa temporadas no Brasil.

América, nos 60+, apaixonou-se por uma mulher e teve relações amorosas com outras duas. Ela lembra de quando estava na Alemanha, recém-saída do Chile, e foi levada a uma festa de lésbicas, cheia de mulheres lindas, algumas delas, atrizes de cinema. "Ah, se fosse agora. Na época, eu era uma gaúcha chucra, acho que nem sabia de homossexualidade." Recentemente, terminou o namoro com uma baiana. O relacionamento ficou complicado, elas se afastaram e, agora, está sozinha. "Eu tenho desejo sexual, sim, mas gostaria de ter uma companhia, andar de mãozinha dada, fui criada no amor romântico."

É tempo de quebrar o tabu, convocava uma campanha publicitária no Reino Unido, com enorme repercussão, ao vender uma ideia óbvia: o prazer do sexo aos 60 ou 70+. Seja com a terna intimidade em relações que duram décadas ou com a ousadia para novas aventuras. O assunto, raramente abordado sem metáforas ou incômodos, foi lançado por uma ONG que trata das relações entre pessoas. A campanha trazia belas imagens de cinco casais mais velhos na intimidade, na cama, se beijando, em cenas de amor, e eles contavam sobre a vida em comum e o sexo. Casais de verdade. Um deles, juntos há trinta anos, garante que sexo agora é mais apimentado porque, depois desse tempo todo, enjoaram do arroz com feijão.

"A grandeza do amor e da afeição — sobre os quais não paramos de escrever livros, filmes e músicas — não precisa mudar nos nossos últimos anos. Esta campanha quis quebrar as convenções e foi isso que aconteceu na frente e atrás das câmeras. Queríamos abrir uma conversa na sociedade de que sexo e intimidade — seja lá o que isso signifique — podem ser tão importantes para os mais velhos quanto para qualquer um", comenta John Rankin Waddell, um mestre da fotografia britânica.

Em pesquisa no Reino Unido, dois terços dos 65+ disseram que sexo e intimidade eram muito raros na idade deles. Para 43%, nunca acontecem esses momentos de sexo, situação só vivida por 20% dos jovens entre 18 e 24 anos. Carmita Abdo, psiquiatra e professora na Escola de Medicina da Universidade de São Paulo (USP), rebate o que considera um dos mitos da sociedade moderna, o do fim do sexo na velhice. Ela coordenou uma grande pesquisa sobre sexualidade dos brasileiros em 2003, com seis mil entrevistados, e constatou o contrário: os velhos transam e gostam de transar.[48]

O sexo livre, o corpo e a autoestima foram questões centrais lá atrás, no início da segunda onda do feminismo. Juntas, as mulheres lutaram pelo direito ao prazer e mudaram suas relações com o sexo e com o próprio corpo. Agora, mesmo para elas, o assunto não é fácil de abordar. Combinamos de falar sobre o que é estar com essa idade, esse corpo, esse envelhecimento e essa sexualidade. Ter a cabeça livre com esse corpo nessa idade. A ideia não prosperou, reconhece Betânia, muito ligada às discussões teóricas e aos novos movimentos, em que se misturam três gerações: jovens de 14 ou 15 anos até mulheres de 80 ou mais.

Todas passaram por longos períodos de análise com psicanalistas para se entenderem com o passado turbulento, em busca de autoconhecimento, alívio e libertação das dores acumuladas ao longo do tempo. É difícil falar do hoje, mesmo para as mulheres com a cultura psi e o desembaraço conquistado em salas de aulas e atividades públicas. Betânia, que está com 73, reconhece que os anos 1970 foram um momento simbólico, uma marca. Habituada a debates em que o pessoal se mistura com as teses defendidas, ela é também uma conferencista de talento, articulada, culta e sensível. Mas expressa constrangimento para falar com mais profundidade sobre ela hoje. Do ponto de vista profissional, não tem dúvidas, realizou tudo o que desejou: "Não foi fácil, mas deu sentido e animou a minha vida, fiz muitas amizades." No lado pessoal, vive uma relação longa, "um amor acalmado", nas suas palavras.

"Eu não tive filhos e foi uma decisão acertada. Não sinto falta, em hora nenhuma passa pela cabeça: 'Ah, se tivesse tido filhos!' Acho que nasci para tia." Entre as oito mulheres desta história, somos três as sem filhos. Glória e Betânia têm netos adotivos, eu não, mas sou adotada por filhos e filhas dos meus irmãos e de amigos — especialmente quando já cresceram e a cumplicidade é mais fácil. Jamais me arrependi de não ter filhos, mas agora acho uma perda a falta de um neto.

Sandra tem três e é apaixonada por eles: sofre um pouco com o distanciamento dos mais velhos, já adultos, morando na França. Anais, a primeira neta, acaba de virar doutora pela Sciences Po, em Paris, e dedicou à avó sua tese sobre a Lei Maria da Penha. "Dedico esta pesquisa à minha avó, Sandra Macedo, cuja coragem, força e engajamento, certamente, deu este trabalho como fruto." Desde sempre, a avó derreteu-se ao encontrar Anais, pequenina, dando pulinhos de alegria ao vê-la.

Revolucionárias no passado, elas acabam seguindo os rituais consagrados pelas avós. América mantém um almoço com a família aos sábados, vai buscar os netos na escola e a primeira viagem pós--pandemia está sendo preparada com eles. Talvez por herança das avós que correram mundo, muitos dos netos também vivem no exterior. Sonia acaba de voltar do Chile, onde conheceu o recém-nascido Gabo. Eliana viajou para ver as crianças vivendo "em holandês".

Já as conversas com essa novíssima geração certamente são diferentes. Em visita ao Brasil, o neto de 6 anos de Eliana percebeu que "tem muito pobre na rua e o Brasil precisa ficar mais rico para cuidar melhor deles". América entrou com processo pedindo declaração de anistiada política para pendurar num quadro no quarto dos netos. Quer que eles tenham orgulho de seu passado. Num outro registro, também é uma ruptura dos padrões tradicionais a participação das meninas como damas de casamentos gays e lésbicos sem o menor estranhamento. E a neta de América já sabe expressar nas suas palavras que o corpo é dela e ninguém toca.

Filhos e netos são o lado bom de constatar a passagem do tempo, o difícil é o sentimento de falta de futuro. É para fortes encará-lo sem ansiedade, como Hanna Arendt recomendava. Assusta a impossibilidade de fazer planos, não saber o que virá, quanto tempo ainda temos, o que ainda poderemos fazer. Betânia está trabalhando sobre a nossa relação com o tempo, o tempo do trabalho e o do cotidiano, o tempo do trabalho produtivo e o reprodutivo, o tempo da existência.

"Estou trabalhando isso como reflexão sobre o mundo, não sobre a minha vida — não é separado, mas, quando chega no tempo da sua própria existência, é mais difícil."

Não escapa, porém, da angústia ao se perguntar quantas vezes ainda vai para Maceió, sua terra natal. Ou ao excluir a conversa sobre novos encontros com amigas francesas, pois intui que não vão se ver de novo:

"Na última vez que fui a Paris, na volta, fiquei pensando quantas vezes ainda vou a Paris. Quando penso nisso, dá uma angústia, mas a gente escapa rapidinho."

Ao fazer 70 anos, comemorados numa *brasserie* em Montmartre, um amigo mostrou o cartão da Associação pelo Direito de Morrer com Dignidade e todos os outros três à mesa anotaram o número do telefone com a ideia de que poderíamos escolher o momento de partir. Eu perdi o telefone, mas descobri que está na internet e isso me acalma. Eles não administram a eutanásia, mas indicam o caminho na Bélgica ou na Suíça.

Recentemente, acompanhei de longe uma amiga muito querida decidir parar os tratamentos de câncer. Preparou-se por muito tempo para a morte com um monge, mas foi ela quem dirigiu seu ritual de despedida do marido e dos três filhos. Eles ficaram em paz e ela foi tranquila. Não sei se teria ou terei coragem, mas vou fazer um testamento vital, aquele em que se declara não querer a vida prolongada por médicos ou aparelhos.

Eliana vai na mesma linha. Fica assustada com a possibilidade de uma doença incapacitante sem poder recorrer ao suicídio assistido: "Isso me angustia, não quero me arrastar até os 150 anos." Já Lena G. escapa da questão contando como, num dia em que a mãe estava muito triste, prometeu-lhe não morrer antes dela: "Não quero pensar na morte, tenho um compromisso com a minha mãe."

Um sentimento une todas: a angústia com a destruição do país mais democrático e inclusivo com o qual sonhamos e ajudamos a construir. Este período de trevas vai certamente acabar, mas teremos tempo de ver a reconstrução?

XVI

Peitamos

Nós, que amávamos tanto a revolução, voltamos à ação, agora assumindo que envelhecemos, mas continuamos insubmissas e malcomportadas. Sonia interpretou como um chamado do presente a retomada da militância pelas veteranas do Círculo. "Fomos convocadas pelo movimento a nos reatualizar, a revisitar o passado."

As novas gerações, com força e garra, tinham tomado as redes sociais, as universidades, as periferias e promoviam manifestações, gritando pelas cidades. Começaram com a Marcha das Vadias e intensificaram os protestos com o Fora Cunha, em referência ao deputado Eduardo Cunha, então presidente da Câmara em 2015, autor de uma lei para dificultar o acesso ao aborto das vítimas de estupro. "Ai, ai, ai, empurra que ele cai", ou "Tire seus crucifixos dos meus ovários", exigiam.

Nós também participamos dos protestos, mas à deriva, cada uma por sua conta. Rimos ao constatar que há quarenta anos nos encontrávamos em manifestações, aqui e pelo mundo. As jovens eram muitas, performáticas, diversas, ousadas, vinham dos movimentos negros, do trabalho nos territórios. Sem falsos pudores, berravam: "Nua ou vestida, quero ser respeitada", "O corpo é meu dou para quem eu quiser".

Era a explosão da primavera feminista e dos novos feminismos.

As veteranas entenderam o chamado. A ideia veio da Sandra e de Angela Muniz. A preparação foi longa, tecida com delicadezas e cuidados. Em e-mails, elas insinuavam as transformações físicas por que passaram: cabelos brancos, mais gordas, marcas nos rostos acentuadas pelo tempo, medo de se ver no olhar espantado da outra. Marcaram um reencontro em Paraty, a meio caminho entre Rio e São Paulo, onde reside a maioria. Só as mulheres do velho Círculo estavam convidadas, olhares estrangeiros estavam vetados — mesmo de companheiras de viagem de longa data, como o meu, entre outros. Sandra conta como foram esses dois dias de cumplicidades, tecidos aos 20 e poucos e retomados aos 60+.

Elas eram vinte. Chegaram à pousada em Paraty na sexta-feira, na tarde de 30 de junho de 2017. Foram em três ônibus: um de São Paulo com Beth V, Cuca e Guida. Dois do Rio, o primeiro com seis pessoas: Angela, Beth L, Suzana M, Lena T., Sonia G e Sandra. No último, estavam: Monica, Regina C, Betânia, Eliana, Soninha, Lena G., Glória, Otília, Gilda e América.

O lugar era lindo e ia fazer sol no fim de semana. A intimidade foi recuperada com muitas risadas, conversas intermináveis, lembranças, esquecimentos rememorados. "As coisas verdadeiramente boas, quando marcam", diz Betânia, "fazem a intimidade voltar em um instante nos reencontros".

E assim foi.

Sandra relata. "Volta e meia uma perguntava: 'Não tá lembrando de mim?'; ou, bem baixinho uma pra outra: 'Aquela ali, quem é?'; ou 'Quem era aquela ali?'". Histórias menos alegres também iam reatualizando a conversa, algumas sofreram perdas dolorosas, outras enfrentavam doenças graves ou contavam sobre a solidão da vida e/ou o dinheiro que faltava no cotidiano. Fotos de netos, é claro, brilhavam nos celulares. Do jantar no acolhedor centro histórico de Paraty, as conversas continuaram à beira da piscina do hotel até de madrugada. As aventuras na embaixada da Argentina, onde muitas se conheceram logo depois do golpe do Chile, eram, como sempre, animadíssimas. Concluíram que, sob as barbas de Pinochet, se divertiram muitíssimo.

O dia seguinte foi de assembleia. Junto com o café da manhã, na mesa ao lado, fotos do passado em Paris — maravilhosas as da Glória — e muitos textos exibiam boa parte da história do Círculo. Eram escritos sobre debates internos dos quais a maioria não se lembrava, ou sobre relatos de iniciativas políticas dirigidas ao Brasil ou ao Mouvement Femmes, na França.

Foi um reboliço. Na época do Círculo, todas tinham entre 20 (Mônica, a caçula) e 30 anos. E nas fotos também estava, no meio das grandes, Flavinha, a filha da Sandra, com uns 10/12 anos, a hoje cineasta Flavia Castro. Olhando as imagens dos anos 1970, de repente, uma perguntou:

"E esta, quem é?"

"É você!", gargalharam todas.

A roda de conversa começou com a leitura de uma espécie de *making of* da primeira assembleia "aberta", organizada por elas na Maison du Brésil, na Cité Universitaire de Paris, em 1975. Quem escreveu? Ninguém sabe, ninguém lembra — a ausência de assinatura pode ter sido um esforço de autoria coletiva ou a necessidade de preservar a segurança da autora.

Por que estavam neste encontro tanto tempo depois? Pelo afeto e as boas lembranças que as uniam. "Foi uma emoção, um reencontro com nossa história, com nossa juventude e com um pedaço do nosso passado que nos orgulha bastante", Sandra resume.

O mantra do dia foi "O Círculo mudou a minha vida". O encontro recuperou o espírito de uma época. "Saímos impregnadas de uma juventude que extrapola o calendário. É uma ideia, um sentimento, um ideal, algo que ficou no ar, é um espírito do tempo. Paraty deixou impregnado na gente essa juventude e esperança, o espírito de insubordinação", conta Betânia.

Todas se disseram insatisfeitas por encontrarem tão pouco os amigos e tinham certeza de que deviam, podiam e queriam retomar a militância. E já que era assim, criaram o Peitamos. Umas duas reuniões depois, o Círculo tinha o novo nome, sob o qual se juntaram as velhas companheiras de Paris com feministas de outros grupos e novas aliadas. Eu entre elas.

A chegada do Peitamos às ruas aconteceu no ano das eleições de 2018, com os movimentos negros puxando os novos feminismos. Fomos para a Marcha das Mulheres Negras, em 25 de julho, Dia da Mulher Negra Latino-Americana e Caribenha, em homenagem à Tereza de Benguela, rainha do quilombo Quariterê, hoje território do Mato Grosso. Levávamos uma faixa cheia de peitos nus colados e expressávamos nossa solidariedade. "Feministas contra racismo", "Estamos juntas". Na passeata do "Ele Não", nossa camiseta ainda falava do passado, lembrava que estávamos há quatro décadas em luta pela democracia.

"O feminismo hoje junta quatro gerações nas ruas. Desde as adolescentes a uma geração com mais de 70 anos, na luta, fabulosa, escrevendo, inventando. Dá uma outra conformação de feminismo e uma outra maneira de viver os 70 anos. Na minha ONG, eu sou a única com mais de 70, depois vem uma escadinha que vai até os 20 anos. O que dá sentido a todas juntas é o movimento das mulheres", Betânia comenta.

Antes da pandemia, já tínhamos faixa e cartazes do Peitamos. E depois de muito bater panelas trancadas em casa, no Dia Internacional da Mulher de 2021, o Peitamos foi lançado nas redes e o coletivo tornou-se nacional. O vídeo, com fotos históricas do Círculo e cenas filmadas na manifestação do Ele Não, viralizou na internet. A ex-presidente Dilma Rousseff compartilhou no Twitter, Sandra deu entrevistas em programas nas redes. As imagens são acompanhadas por novas palavras de ordem, em atualização da nossa carta política, desta vez em audiovisual:

Peitamos porque nossa luta pela democracia vem de longe.

Peitamos porque envelhecemos, mas não somos bem-comportadas.

Peitamos porque vidas negras importam e racismo mata.

Peitamos porque resistimos ao autoritarismo e à perda de direitos das mulheres.

Peitamos porque mexeu com uma, mexeu com todas.

Peitamos porque defendemos o fim da cultura do estupro.

Peitamos porque combatemos o aumento da violência doméstica na pandemia.

Peitamos porque o corpo é nosso, chega de violência.

Peitamos porque defendemos a vida das mulheres, aborto legal, seguro e gratuito.

Peitamos porque acreditamos que há lugar para todos e todas na roda da vida: o samba, o frevo, o maracatu, é opera, é rock, é jazz, é rap.

Peitamos porque os sonhos não envelhecem.

Peitamos e perguntamos: quem matou Marielle?

Peitar é preciso, peitamos!

XVII

Diálogos de geração

A pandemia modificou nossos planos de militância. Na última reunião ao vivo, planejamos uma campanha para colar nas placas de rua o nome das mulheres assassinadas por serem mulheres. Fomos inspiradas pela tática das Coladoras (Les Colleuses), feministas que na calada da noite se organizam em grupos de três ou quatro para criar memoriais nos muros das cidades francesas com o nome das mulheres mortas por maridos e namorados. Eram umas cem feministas em Paris na primeira ação do grupo, lançada em 2019, quando o número de assassinatos chegou a cem — até o fim daquele ano foram 164. O movimento se espalhou por toda a França e chegou a cidades no México e em Israel. Com escada, galão de cola, pás e pedaços de papel branco com letras em preto, elas criam impacto com uma mensagem simples e forte. Sob o título "A nossas irmãs assassinadas", seguem cem nomes das vítimas da violência, numa poderosa denúncia e tocante homenagem.

Nós já tínhamos pesquisado o nome das mulheres brasileiras mortas no início de 2020, ano que começou com quatro feminicídios ainda no réveillon. Orçamos as placas que seriam coladas e começamos a pesquisar os melhores lugares para a intervenção na paisagem urbana. Com o *lockdown*, paramos tudo; já os assassinatos de mulheres continuaram e chegaram a 1.338 em 2020, um aumento de 0,7% em relação ao ano anterior, com alarmante crescimento em algumas regiões — mais 37% no Norte e 14% no Centro-Oeste.[49]

Lena T. compara o ativismo do grupo no Brasil hoje e na França de antes: "Hoje, nossa atenção é muito voltada para os abusos cometidos diariamente, o que traz uma angústia enorme. Tentamos interferir num campo mais amplo, da violência contra as mulheres. Na época do Círculo, estávamos distantes dessa realidade."

Foi impossível botar em prática o nosso projeto na volta ao feminismo organizado. Lá atrás, nos anos 1970, o Círculo era autônomo e, ao mesmo tempo, estava na luta contra a ditadura, que unia os brasileiros no exterior, a maioria, exilados. Era impulsionado também pela força dos feminismos na Europa, era parte das enormes manifestações de mulheres em que uma das palavras de ordem avisava: "Saímos da sombra."

Aqui, o Peitamos foi incentivado pela primavera feminista e, junto, pelo desejo de recuperar a experiência do *vécu*, conversando sobre nós, com a nossa história, vivendo agora com 60+ ou 70+. Ainda não conseguimos. Ficamos esmagadas com o peso da pandemia e do retrocesso no país com um presidente que defende a tortura, debocha de pessoas morrendo sufocadas.

As mulheres que lideraram o feminismo no Brasil em 1975 também voltaram à luta com mais força, unindo-se em novos grupos e principalmente recuperando em livros a memória do ativismo e do pensamento de brasileiras, europeias e norte-americanas que relançaram a luta das mulheres.

Drummond diria que uma flor nasceu no asfalto, pequenina, frágil. Não virou notícia nem está nos livros de história sobre a ditadura. Ao redor do mundo, as mulheres estavam nas ruas, e a ONU anunciou que 1975 seria o Ano Internacional da Mulher. Em Paris, as brasileiras lançavam o Círculo e, no Brasil, sob a implacável ditadura, as então meninas ousaram convocar uma semana de debates sobre a condição da mulher na Associação Brasileira de Imprensa (ABI). Era um tempo em que as reuniões públicas eram proibidas e reprimidas; a tática para furar o bloqueio da censura foi usar o aval da ONU. Já existiam aqui pequenos grupos que se encontravam, debatiam e marcavam reuniões de reflexão na versão carioca do *vécu* francês. Elas iam para a casa umas das outras, liam ou reliam Simone de Beauvoir e descobriam novas autoras feministas.

O encontro da ABI foi o estopim que levou à formação do Centro da Mulher Brasileira, o primeiro coletivo feminista a se formalizar no Brasil. Ainda era um tempo em que todos os estereótipos estavam colados nas feministas, e elas precisaram de um grande nome para dar respeitabilidade à reunião. Convidaram o economista Celso Furtado, ex-ministro de Jango e, àquela altura, professor catedrático da Sorbonne: ele abriu os debates dizendo que "o feminismo era o maior movimento de massas do século XX".

Jacqueline Pitanguy, organizadora do evento e feminista histórica, relembra:

"O sucesso foi entusiasmante, parecia que a semana não ia acabar, as pessoas ficavam conversando, não queriam ir embora. Era um momento de descoberta: o movimento era muito maior do que aqueles grupos ali, a questão da mulher já estava presente na sociedade brasileira."

Até chegar à explosão dos feminismos do século XXI, contudo, foi uma travessia por um pântano de preconceitos. Não havia simpatia pela luta das mulheres, a sociedade era profundamente machista, atribuía à palavra feminista sentidos pejorativos, ligando-a a mulheres feias, mal-amadas e histéricas. Os atos de violência eram relevados — "Alguma ela aprontou" — e as vítimas de estupro, culpabilizadas — "Quem mandou provocar?".

"Vivíamos numa corda bamba", relembra Jacqueline.

"Abaixo a ditadura" era a palavra de ordem que unia feministas, esquerda, liberais, direita democrática e ala progressista da Igreja. A esquerda aqui, mais do que no exterior, defendia a luta de classes como a contradição principal, enquanto a desigualdade de gênero era secundária e seria resolvida com o socialismo. A Igreja, aliada na luta contra a tortura e defesa dos direitos humanos, mostrava-se inflexível na discussão sobre direitos sexuais e reprodutivos, assunto tabu até hoje para os católicos, opondo-se à reapropriação do corpo defendida pelas mulheres.

Entrelaçada com uma conjuntura difícil, a história dessa segunda onda do feminismo no Brasil ficou misturada à luta contra a ditadura e pelos direitos humanos. As jovens de hoje conhecem algumas protagonistas daquele tempo, como Dilma Rousseff, mas não conseguem perceber uma luta específica das mulheres. A estratégia das feministas, na época, era acrescentar às narrativas contra o arbítrio a denúncia das desigualdades que faziam da mulher cidadã de segunda classe.

As exiladas de Paris desembarcaram com uma agenda nova. Já acostumadas a performances nas manifestações e a palavras de ordem provocativas, chegaram fazendo barulho e, às vezes, causando fricções. Aborto livre, sexualidade, direitos reprodutivos, combate à violência e ao assédio sexual, autonomia do movimento eram os seus temas. Jacqueline considerou-as um reforço à luta contra o patriarcalismo: "Foi um sopro novo, elas enriqueceram o movimento."

Malu Heilborn, outra veterana, conta em *Explosão feminista*[50] que as sindicalistas chamavam de "burguesas" as militantes cujas questões ultrapassavam a luta de classes: "Foi quando começou a chegar a gente exilada e estrangeira mostrando que o feminismo na França e em outros lugares era diferente. Nós fomos para um feminismo mais desbundado, o Centro da Mulher Brasileira continuou com uma linha mais institucional."

As recém-chegadas tateavam o novo planeta fêmea. Da França, tinham contato por correspondência com o Brasil Mulher, o Nós Mulheres, os grupos de mães, as associações de moradores, nem todos feministas, mas eram estas as organizações da sociedade civil, a novidade desse período pós-anistia. Rapidamente, constataram que sabiam muito pouco sobre a vida real e a luta política daqui.

Elas frequentaram os vários grupos para tentar se localizar e se integrar. Não foi fácil. Eram olhadas por muitos com desconfianças, vistas como loucas com a agenda sobre sexualidade, direito ao prazer etc. Uma revista as chamou de "refugigatas", mulheres que namoravam os guerrilheiros anistiados. "Nos achavam meio putas", ri Lena T.

A primeira vez que todas se uniram foi para pressionar pela condenação de Doca Street, o assassino que saiu do primeiro julgamento aplaudido e livre para escolher a vida nova. O crime marcou uma virada no movimento feminista e em parte da sociedade.

No penúltimo dia de 1976, Ângela Diniz, mulher bela, sedutora e rica, havia sido morta com quatro tiros disparados contra ela por Raul Fernando do Amaral Street, seu namorado playboy, conhecido na sociedade por Doca Street. O assassinato aconteceu horas depois de uma discussão entre eles numa casa na Praia dos Ossos, em Búzios, balneário do Rio. Ele foi retratado como um herói romântico pelos advogados de defesa e a imprensa comprou a versão. Ela, de vítima, virou a culpada por afrontar a honra do namorado. Ele a matou "em nome da legítima defesa da sua honra", segundo a construção do célebre advogado Evandro Lins e Silva.

Mas o clima mudou entre o primeiro e o segundo julgamento de Doca. A volta dele ao Fórum de Cabo Frio foi precedida de um abaixo-assinado, publicado no extinto *Jornal do Brasil*, no qual as feministas declaravam que o julgamento de Doca expressara a maneira pela qual a sociedade no Brasil resolvia as relações de poder entre os sexos: "O sexo masculino, aqui representado pelo senhor Raul Fernando do Amaral Street, pode impunemente punir uma mulher que não corresponde ao seu papel tradicional." Em vigília, em Búzios, as feministas cariocas esperavam pela chegada do assassino ao tribunal com cartazes e faixas: "Sem punição, mais mulheres morrerão"; "O silêncio é cúmplice da violência".

Eliana foi para a rua com as companheiras do Brasil Mulher, no Rio, e Betânia com o Ação Mulher, em Recife. Cobriram com grafites os muros com as palavras de ordem inventadas pelo grupo criado pela mineira Otília, também do Círculo. "Quem ama não mata", as mulheres gritavam e grafitavam as cidades — na verdade, quem ama também mata, mas o slogan é bom e ficou.

Doca Street foi condenado a quinze anos de prisão e saiu do Fórum vaiado pelo povo que antes o aplaudira. O argumento da legítima defesa da honra serviu para absolver muitos assassinos de mulheres ao longo do tempo. O Supremo Tribunal Federal só proibiu o uso desse sofisma em 2021.

Naquela época, ainda não existia a tipificação de feminicídio como crime, nem a Lei Maria da Penha para punir agressores. Foi o acolhimento das mulheres vítimas de violência que inspirou as ex-exiladas a criar o SOS Mulher, no Rio.

Eliana e Sonia estavam no grupo do Rio. Alugaram uma sala e um telefone — bem precioso e escasso na época —, participaram de workshops com advogadas sobre a legislação brasileira e instalaram-se perto do metrô Largo do Machado. Elas se cotizavam para pagar os custos, davam plantão e faziam reuniões para discutir as brutalidades sofridas pelas mulheres que as procuravam para pedir socorro. Os agressores ficavam impunes, desapareciam as marcas de violência dos autos policiais, as vítimas eram ameaçadas, drama total.

Eliana dividia-se entre os plantões, a campanha, a assessoria ao deputado petista Liszt Vieira. Casou-se de novo, logo depois nasceu Marina, e a vida mudou. Eliana e o marido moravam numa casa grande em Laranjeiras junto com amigos.

O país se democratizava, parte das feministas foi para a área acadêmica — como Sonia Giacomini, Bila Sorj, Regina Bruno, Heloisa Buarque de Hollanda —, outras assumiram postos no Estado, primeiro nos conselhos estaduais e, depois, no Conselho Nacional da Mulher, um ministério cujo nome o então presidente José Sarney não ousou dizer, pois ficou preocupado com o que poderiam aprontar as muitas feministas, atrizes, produtoras culturais, todas juntas e misturadas, com suas propostas inovadoras. O conselho foi presidido, de início, pela atriz Ruth Escobar, depois por Jacqueline

Pitanguy, acompanhada por um conselho deliberativo em que participavam várias "históricas", como Betânia, Malu Heilborn, Schuma Schumaher. Formaram a famosa "bancada do batom", cuja atuação nos bastidores e na articulação política garantiu novos direitos para as mulheres na Constituinte Cidadã de 1988.

"O Conselho é uma criação das mulheres de construção do Estado, sujeito político fundamental", acentua Betânia.

Elas aproveitaram os ventos a favor. "As ativistas tinham capital social e uma rede de relacionamentos com a elite política que emergiu da redemocratização. Para os governos eleitos, caía bem incorporar a causa das mulheres em suas políticas. Tratava-se de exibir um símbolo de modernidade e democracia, reconhecido internacionalmente como expressão da nova face do país, distinta daquela que marcou os governos autoritários", analisa a socióloga e historiadora Bila Sorj, professora titular da UFRJ.

O tempo passou, arrefeceu a excitação com rápidas mudanças para construir um país novo, vieram as derrotas eleitorais, a política parecia ter saído do radar dos jovens e médio jovens. As veteranas chegaram a achar que o feminismo duraria apenas uma geração; as ex-exiladas surpreendiam amigas e amigos ao se dizerem feministas, uma palavra de novo considerada cafona, antiga ou ultrapassada sob o olhar das jovens das décadas de 1990 e início dos anos 2000. Visto de 2021, percebe-se um *gap* geracional na luta das mulheres nesse período, o mesmo que acontecia pelo mundo. E mais ou menos assim permaneceu até a espetacular explosão, em 2015, dos feminismos no Brasil e do Me Too nos Estados Unidos e na Europa.

XVIII

A nova revolução já começou

Ao completar quarenta anos, a ONG que Betânia ajudou a criar tem muito a celebrar. O coletivo realizou o que sonhávamos lá atrás: juntar a defesa de direitos com a produção de conhecimento unindo mulheres de classes, cores, etnias e idades diferentes. O prestígio do grupo deu uma liga forte com universidades aqui e pela América Latina, com as quais organiza seminários e bancas de teses. Betânia transformou-se numa reconhecida pensadora do feminismo.

"O movimento cresceu muito, é muito mais plural, trabalhamos na ONG e em vários espaços. Eu também, mas não tenho a mesma atuação das mais jovens, sou desde sempre uma pesquisadora, não sou a que está nas redes sociais."

Na internet, portanto, estão as mais jovens. Betânia reconhece que elas dão a dinâmica do movimento nas ruas, nos meios de comunicação, com milhões de formas inventadas e reinventadas, com enorme criatividade. Mas reivindica seu lugar:

"Temos um lugar, estamos em plena atividade."

Uma preocupação é se colocar no tempo presente, sem nostalgias, diz Betânia: "As coisas não podem ser como eram há trinta anos. Eu quero viver o hoje, uma coisa é rememorar e trazer a experiência de processos anteriores para ajudar. Outra é querer que seja igual ao passado."

Sonia Giacomini, professora de cursos sobre sexualidade e gênero da PUC-RJ, fica mais irritada com a postura das jovens: "Fizemos a revolução sexual, quem elas acham que fez? Falo com muito cuidado, não quero medalha de *ancien combattant*, mas temos uma história, um legado."

O diálogo entre as gerações é tenso e eventualmente briguento. As veteranas são chamadas de neoliberais e de "turma da branquitude". Fui perguntar às jovens como veem o passado do movimento, sabendo desde sempre que as feministas dos anos 1970 têm uma fragilidade de origem: são majoritariamente brancas, cisgênero, de classe média, com formação universitária, ou seja, ocupam o chamado lugar de privilégio. E se consideravam universais, capazes de representar todas as mulheres.

Raquel Ribeiro, 30 anos, preta, coordenadora de políticas para mulheres no mandato de Tainá de Paula, vereadora do PT (RJ), é gentil e elogia as veteranas: "Sem dúvida, somos herdeiras, vocês são nossos griôs, detentoras de um saber que compartilham com a gente." No entanto, com toda a razão, mescla reverências com críticas ao apagamento de suas ancestrais negras:

"Enquanto mulher negra que sou, eu e as mulheres negras estamos renegando fazer parte de uma história contada só pela estética branca do feminismo. Não dá para pensar na luta ligada a uma geração de quarenta anos atrás; bota um zero e chegamos a quatrocentos anos, às abolicionistas e às quilombolas engajadas nas lutas contra a escravidão. É por este caminho que tenho me pautado."

Os feminismos contemporâneos e os movimentos negros em especial trabalham para resgatar as memórias e as ancestralidades, visando extirpar o pensamento de teóricas norte-americanas e europeias entranhado em nós. Muitas da nossa geração tornaram-se feministas no exterior, para onde foram exiladas ou para estudar, e de onde voltaram impregnadas pelo hoje chamado pensamento colonial.

"Mesmo as mulheres brancas estão se propondo a ter esse olhar mais decolonial. Não existe mais a pretensão de ter uma pauta única, a gente está cada vez mais acreditando na diversidade, nos feminismos plurais", argumenta Raquel.

Concordamos e estamos juntas. A diversidade de vozes e pensamentos mudou os movimentos sociais e a cultura do país com a chegada das jovens às ruas, às mídias sociais, aos blogs e ao YouTube, vindas das periferias, das universidades, dos inúmeros coletivos formados para defender seus direitos específicos. Para as veteranas, é hora de abrir espaço para as jovens passarem. "É hora de elas falarem de suas demandas específicas, é tempo de interseccionalidade — intersecção de gênero com recortes raciais, classistas, sexuais, étnicos, etários e regionais. As negras lutam pelos direitos específicos das negras, as indígenas querem demarcar suas terras, as asiáticas sabem as dificuldades que são só delas, as lésbicas têm a luta pelo direito de amar quem quiserem", me diz, em entrevista, Heloisa Buarque de Hollanda.

Eliana tem esse mesmo olhar. "Essas meninas são incríveis, de uma vitalidade maravilhosa, têm uma ousadia muito maior. Quando a gente dizia que as mulheres entraram no mercado de trabalho nos anos 1960/1970, as pretas nos respondiam: 'Vocês, né? Nós estamos no mercado de trabalho desde que fomos carregadas da África, sempre estivemos trabalhando.'"

A radicalização pode assustar, mas tem levado a vitórias espetaculares. Num debate sobre a ação das mulheres contra a ditadura, uma cineasta me respondeu: "Para nós, tanto faz, nós, negros, sempre vivemos na ditadura, sempre apanhamos da polícia e tivemos os direitos desrespeitados."

É verdade de novo, mas a redemocratização melhorou também a vida dos mais pobres e criou políticas sociais voltadas para a redução das desigualdades. Como o caso das cotas raciais que, não sem tempo, mudaram a cor das universidades.

Em outro registro, uma cineasta foi criticada porque não havia nenhum negro entre os papéis principais do seu longa-metragem em preparação: atores e atrizes pretos avisaram que não aceitam mais dar vida a personagens periféricos no roteiro.

Exageros? Foi com posições radicais que mulheres brancas e negras ganharam espaço em *lives* do Zoom, programas de televisão e editais públicos. Ninguém mais pensa em organizar debate só de homens ou só de brancos, e isso foi uma conquista para todas e todos. Em filmes publicitários, novelas, séries e livros, nunca tantos pretos estiveram nas telas e assinando livros nas livrarias. Entre encontros e desencontros, caminha essa relação. Raquel lista os embates:

"O conflito se estabelece em torno do lugar de fala, as mulheres brancas e as negras têm diferentes prioridades, com diferentes métodos. E mais: as veteranas têm dificuldades de aceitar ideias ousadas das mais jovens, estão apegadas a *cards* com textão e às famosas notas de repúdio. Quem lê nota de repúdio?", ela debocha.

Ninguém, claro. As jovens reclamam também da tendência das mais velhas a se consolidarem no lugar da intelectual e da formuladora de políticas enquanto os saberes das mais jovens são desconsiderados. Sobra para elas executar tarefas, colar lambe-lambes — cartazes, na linguagem militante —, tocar numa batucada, produzir os protestos.

A virada da chave foi grande nas últimas décadas. Juliana Leite, 35 anos, é da Articulação de Mulheres Brasileiras, supervisora de pesquisas da Redes da Maré e professora de Sociologia do terceiro ano da escola pública André Maurois, na Gávea, de onde, no passado, saíram muitos militantes contra a ditadura. Ela testemunha o avanço da discussão sobre corpo e gênero de seus alunos. A aceitação da diversidade dos padrões de beleza captura os mais jovens, ganha novo fôlego a eterna pauta da sexualidade e da expressão do amor. Radical é a apropriação do próprio corpo, ainda hoje um território disputado pelo patriarcalismo, pelas religiões e ideologias.

"Distante da experiência das veteranas", diz Juliana, "a lógica não binária é o que está em voga entre meus alunos do ensino médio, de 14 a 17 anos. Eles se reconhecem como bissexuais, principalmente as meninas. E os meninos são *queer* ou não binários. Usam unha pintada e maquiagem."

É um comportamento intergeracional, que une os jovens dos 16 aos 30 na recusa a rótulos e à heteronormatividade. Na França, uma pesquisa constatou que 22% dos jovens de 18 a 30 anos se declaram não binários; na Suécia, é proibido atribuir gênero às crianças.

Foi a filósofa norte-americana Judith Butler que levou à reformulação dos movimentos ao trazer, nos anos 1990, a ideia de que a crítica feminista ao patriarcado estava baseada na diferença sexual e, com isso, mantinha o binarismo homem e mulher, sem incluir as questões vividas por todas as mulheres. Estariam excluídas, por exemplo, as lésbicas, cujo problema maior é a heteronormatividade, ou as negras, com foco maior na raça. Simone de Beauvoir já tinha dito que ninguém nasce mulher, torna-se mulher, indicando que o gênero mulher é socialmente construído. A filósofa e professora da UFRJ Carla Rodrigues diz que, se Butler retomasse essa frase, ela diria apenas "quem nasce, torna-se", abrindo a possibilidade de identidades de gênero fluidas ou *queer*.[51]

Esses conceitos se relacionam com o uso da linguagem inclusiva, mais uma estrutura do poder patriarcal abalada. A desigualdade de gênero também se expressa na língua e nas regras gramaticais, que embutem o princípio binário e o predomínio do homem todas as vezes que masculino e feminino estiverem juntos na frase. Especialmente em português: se na sala de aula estiverem trinta meninas e um menino, a gramática exige que citemos "os meninos" da sala para nos referirmos a todas as crianças.

Criou-se, assim, a tradução feminista, em que são rejeitadas as formas patriarcais de expressão e mudam-se palavras para incluir todos os gêneros. *Nossos corpos por nós mesmas*, a versão brasileira da Bíblia do feminismo — que levou as mulheres a conhecerem sua sexualidade e vendeu quatro milhões de exemplares em trinta idiomas desde que foi publicada pela primeira vez — já vem na linguagem inclusiva: em nenhum momento da tradução foi usado o masculino genérico, optou-se por nomes próprios sem "o" ou "a" antes, abusou-se da palavra "pessoas" ou dos pronomes "quem" e "alguém" para as situações poderem se aplicar a identidades não binárias. A linguagem neutra, que adota "amigues" e "todes", é predominante entre jovens e já chegou à televisão e à cultura pop.

Toda esta discussão traduz uma nova experiência no diálogo com as trans e as não binárias. Betânia explica: "Homos, trans, travestis e não binárias constituem agora um sujeito político organizado. É uma nova experiência fundamental entre corpo e sujeito. A questão do corpo é um sujeito individual e coletivo. No caso das trans, elas expandem a categoria mulheres, a antiga não dá mais conta."

A revolução no comportamento e na filosofia esbarra no crescimento das forças conservadoras e religiosas no Brasil de hoje. Jovens e veteranas veem um drama se repetir: o medo do golpe e do autoritarismo, a destruição de direitos, as ameaças à liberdade vividos na ditadura. De novo, as bandeiras feministas estão se diluindo no movimento mais geral de luta pela democracia e direitos básicos.

"Não tem como olhar só para o abuso. Isso é muito importante, mas tem a insegurança alimentar das mulheres negras, o genocídio dos jovens negros, que gera uma montanha de mães vítimas da violência do Estado. Mais do que nunca, precisamos disputar um projeto para o país, num entendimento de interseccionalidade, já que as mulheres são as mais afetadas por um Estado fundamentalista", Raquel pontua.

XIX

O passado que não passa

Lena T. ficou trancada em casa no 7 de setembro de 2021 enquanto o presidente Bolsonaro e seus apoiadores atacavam nas ruas a democracia e as instituições. Em seu desabafo poético, ela exprime o medo, a angústia e a raiva de nós *todas e todos*:

Estou presa dentro do meu corpo, amarrada por fios misteriosos que impedem meu movimento.
 Faz um tempo nublado, o sol, que é amarelo, não apareceu, não quis ser visto.
 No meio de pessoas aglomeradas, decididas a apoiar Bolsonaro.
 O Brasil está de ponta-cabeça, virou tudo ao contrário, a terra não é redonda, a ciência não prova nada e deus estaria acima de tudo.
 O golpe anunciado mexeu com minhas estruturas muito tempo antes do dia marcado para o seu desfecho. Tipo enxaqueca, sentimento de não pertencimento, ansiedade incontrolável.
 Neste mês de setembro, estou nocauteada, vários pensamentos e nenhuma ação; sou uma espectadora que vive também num mundo pandêmico.
 Uma ameaça de ruptura radical e eu presa aqui, entre órgãos e células do meu corpo.
 Está difícil me conter, ou expando ou estouro.
 É aí que começo a ter ideias, as mirabolantes e as executáveis.
 Um comando das antigas, decidido a acabar de vez com os nossos problemas, marcharia direto para o planalto e, numa ação digna de James Bond, capturaria o inimigo.

Uma intervenção via internet, bombando sem parar, carrega multidões em direção a Brasília para dizer que agora BASTA!

O MST marchando em nova versão da Coluna Prestes, e claro, eu junto.

Mas não, fico exaurida só de atravessar a rua e sempre volto com lágrimas nos olhos, pois está lá a família que se mudou para debaixo da marquise do meu prédio e junto com ela um cachorro tão debilitado quanto os humanos. Lembro das campanhas para adotar cachorros de rua, mas, no caso, a adoção tem que ser de todos, penso!

O magrelo que vem descendo a rua informando que está com pneumonia, o que faz todos correrem para longe dele.

Nesta altura, já estou sem ar, em processo de desmaio. Passo a ver cocares de índios voando pelos ares, abatidos, com as respectivas cabeças, por uma força bestial decidida a destruí-los.

Forças tão brutas quanto as que invadem as periferias das cidades abatendo quem aparece pela frente.

Mulheres sendo assassinadas pelo simples fato de serem mulheres, e posso ver as caras debochadas dos assassinos.

Recebi agora uma mensagem de WhatsApp que dizia que o coisa-ruim maior está discursando na avenida Paulista, atacando tudo: ministros, STF, judiciário.

E eu, onde estou?

Em um bairro de classe média da cidade do Rio de Janeiro, rodo feito uma piorra em volta do meu corpo.

Proponho imprimir uma bandeira com o símbolo do Peitamos e sair fincando-a pela cidade acompanhada de faixas denunciando os malfeitos da hora.

E assim fizemos. Nossos sonhos não envelheceram, combatemos por um país mais livre e solidário, com menos desigualdade e mais diversidade. Menos de um mês depois, numa manifestação, botamos no ar um balão com a nossa mensagem: Peitamos!

Agradecimentos

Este livro tem a minha assinatura, mas é um trabalho conjunto. Foi ótimo fazê-lo e entrar no universo afetivo e político das personagens que generosamente abriram seu coração e partilharam histórias maravilhosas. Elas e eu continuamos achando que o pessoal é político. E a memória, uma forma de resistência.

A primeira ideia era fazer um filme, com a trajetória dessas mulheres na luta contra a ditadura, o exílio, o feminismo e, agora, combativas, com os seus 70+. Mas quando o roteiro ficou pronto, o governo Bolsonaro já começara a furiosa destruição das políticas de incentivos ao cinema brasileiro e ninguém conseguiu mais filmar — nem os cineastas consagrados e muito menos eu, uma jornalista com ambição de estrear nessa arte que me fascina. Nessa fase, foi fundamental a ajuda de Murilo Salles, que me deu a chancela de sua conceituada produtora, Flavia Castro, que me ajudou, com seu talento, a desvendar o novo meio, e Paola Vieira.

A essa altura, já encantada com tudo que ouvira e filmara, não dava para desistir. O projeto virou livro, com o acolhimento dos editores da Record, as leituras críticas de Lucia Murat, Leilah Landim, Sandra Macedo, Manoela Sawitzki e de sugestões e apoios de muitas outras. E, claro, de Ernesto Soto, meu amor e parceiro de vida.

A todas e todos, muito obrigada.

Notas

1. Em seu último livro publicado antes de morrer, a filósofa francesa Simone de Beauvoir diz que a velhice é o último dos tabus, ainda envolto em uma conspiração do silêncio. BEAUVOIR, Simone de. *A velhice*. 2. ed. Rio de Janeiro: Nova Fronteira, 2018.
2. Obra fundadora do feminismo da segunda geração do século XX. BEAUVOIR, Simone de. *O segundo sexo*. Rio de Janeiro: Nova Fronteira, 2014.
3. LORDE, Audre. *Irmã outsider*: ensaios e conferências. Belo Horizonte: Autêntica, 2019.
4. RIDENTI, Marcelo. *Censura e ditadura no Brasil*: do golpe à transição democrática, 1964-1988. São Paulo: Edusp, 2011.
5. A O. nasceu no Rio Grande do Sul. Foi o nome encontrado para o grupo que estava começando a fazer reuniões e ações de convencimento para que as pessoas aderissem à revolução, que a repressão chamou depois de aliciamento. A ideia veio de Carlos Araújo, ex-marido de Dilma Rousseff, e o nome queria dizer simplesmente "Organização", porque pretendiam se unir a outro grupo maior entre os já existentes. De fato, juntaram-se à VAR-Palmares e a Ó Pontinho desapareceu.
6. A Vanguarda Armada Revolucionária Palmares (VAR-Palmares) foi uma organização político-militar surgida em 1969 como resultado da fusão entre o Comando de Libertação Nacional (a Colina) e a Vanguarda Popular Revolucionária (VPR). Executou a ação do roubo do cofre do ex-governador de São Paulo Adhemar de Barros, onde estavam guardados cerca de 2 milhões de dólares, que seriam usados na luta revolucionária. A ex-presidente, Dilma Rousseff, com 20 anos, foi do comando nacional da organização.
7. Ivry-sur-Seine, subúrbio de Paris.

8. Há 50 anos, mítico show "Fa-Tal" fez de Gal a musa do desbunde. *Folha de S. Paulo*, 22 mai. 2021. Disponível em: <https://www1.folha.uol.com.br/ilustrissima/2021/05/ha-50-anos-mitico-show-fa-tal-fez-de-gal-a-musa-do-desbunde.shtml?origin=uol>. Acesso em 22 mar. 2022.
9. Clássico da literatura francesa do século XIX, proibido pela ditadura por conta do vermelho do título, virou exemplo da ignorância dos censores. STENDHAL. *O vermelho e o negro*. São Paulo: Penguin Companhia, 2018.
10. O relato está no último dos cinco volumes sobre os governos militares no Brasil. GASPARI, Elio. *A ditadura acabada*. Rio de Janeiro: Intrínseca, 2016.
11. ROLLEMBERG, Denise. *Exílio: entre raízes e radares*. Rio de Janeiro: Record, 1999.
12. Documento de residência dos estrangeiros na França.
13. Em entrevista à autora para matéria publicada no *Valor Econômico* sobre o AI-5. A informação foi depois publicada em *Liberdade vigiada: as relações entre a ditadura militar brasileira e o governo francês: do golpe à anistia*. Rio de Janeiro: Record, 2019.
14. O Movimento Revolucionário 8 de Outubro (MR-8) é a refundação da Dissidência Comunista da Guanabara (DI-GB). Realiza, com a ALN, uma ousada ação de enfrentamento ao regime militar ao sequestrar o embaixador norte-americano, Charles Elbrick, no Rio. O desfecho da ação foi vitorioso para a esquerda: quinze presos políticos foram libertados, banidos e expulsos para o México.
15. Retratos do exílio, fotos da autora e textos de Ernesto Soto Costa, Paulo Sergio Duarte e outros. FERREIRA, Glória. *Glória Ferreira*: fotografias de uma amadora. Rio de Janeiro: Nau/Linha Projetos Culturais, 2016.
16. Fundado em 1968, o POC foi o resultado da fusão entre parte da Polop (sigla de Política Operária) e a dissidência leninista do Partido Comunista, no Rio Grande do Sul. Ó Pontinho foi criada por Carlos Araújo, depois marido de Dilma Rousseff. Uniu-se à VAR-Palmares e depois à Vanguarda Popular Revolucionária (VPR).
17. A Comissão Econômica para a América Latina e o Caribe (Cepal) desenvolveu-se como uma escola de pensamento importante, da qual fez parte Celso Furtado. Tem sede no Chile.
18. O embaixador Giovanni Enrico Bucher havia sido sequestrado pela guerrilha em 1970.
19. ROLLEMBERG, Denise. *Exílio*: entre raízes e radares. Rio de Janeiro: Record, 1999.
20. GIACOMINI, Sonia Maria. *Profissão mulata*: natureza e aprendizagem em um curso de formação. Rio de Janeiro: Appris, 2021.

21. Obra coletiva coordenada por Albertina de Oliveira Costa, Maria Teresa Porciúncula Moraes, Norma Marzola, Valentina da Rocha Lima. *Memórias das mulheres do exílio*. v. 2. Rio de Janeiro: Paz e Terra, 1980.
22. *Nossos corpos por nós mesmas* — a edição brasileira — foi lançado em 2021 pelo Coletivo Feminista Sexualidade e Saúde, de São Paulo, responsável pelo convênio com a OBOS, a ONG norte-americana que detém os direitos de publicação de *Our Bodies, Ourselves*.
23. Segundo trabalho de não ficção de Simone de Beauvoir, que se tornou livro a partir de uma palestra, em 1945. BEAUVOIR, Simone de. *Por uma moral da ambiguidade*. Rio de Janeiro: Nova Fronteira, 2005.
24. Estatísticas do 13º Anuário Brasileiro de Segurança Pública, divulgado em setembro de 2020, mostram recorde de violência: a cada dez meninas, seis são abusadas, e a cada dez meninos, quatro sofrem violência sexual.
25. TV CÂMARA. Vera Sílvia Magalhães: a história de uma guerrilheira. Disponível em: < https://www.camara.leg.br/tv/212737-vera-silvia--magalhaes-a-historia-de-uma-guerrilheira/>. Acesso em: 22 mar. 2022.
26. RIDENTI, Marcelo. *Versões e ficções*: o sequestro da história. São Paulo: Fundação Perseu Abramo, 1997.
27. Jean Marc von der Weid, em entrevista a James Green, autor de *Revolucionário e gay*: a vida extraordinária de Herbert Daniel. Rio de Janeiro: Civilização Brasileira, 2018.
28. GREEN, James. *Revolucionário e gay*: a vida extraordinária de Herbert Daniel. Rio de Janeiro: Civilização Brasileira, 2018.
29. GASPARI, Elio. *A ditadura acabada*. Rio de Janeiro: Intrínseca, 2016.
30. RESENDE, Beatriz. Da terceira idade ao grupo de risco: a idade como desqualificação. *Folha de S. Paulo*, 5 ago. 2020. Disponível em: <https://www1.folha.uol.com.br/colunas/beatriz-resende/2020/08/da-terceira--idade-ao-grupo-de-risco-a-idade-como-desqualificacao.shtml>. Acesso em: 9 mar. 2022.
31. GOPNIK, Adam. Can We Live Longer But Stay Younger? *The New Yorker*, 13 mai. 2019. Disponível em: <https://www.newyorker.com/magazine/2019/05/20/can-we-live-longer-but-stay-younger>. Acesso em: 22 mar. 2022.
32. BRUM, Eliane. Me chamem de velha. Portal Geledés, 8 mar. 2014. Disponível em: <https://www.geledes.org.br/chamem-de-velha-por-eliane--brum/>. Acesso em 22 mar. 2022.
33. HEBERLEIN, Ann. *Arendt*: entre o amor e o mal — uma biografia. São Paulo: Companhia das Letras, 2019.

34. BEAUVOIR, Simone de. *A força das coisas*. Rio de Janeiro: Nova Fronteira, 2021.
35. DEBERT, Guita Grin. *A reinvenção da velhice*. São Paulo: Edusp, 2004.
36. Idem.
37. Braço televisivo do grupo de comunicação norte-americano Vice Media.
38. Rita Lee, em entrevista à revista Ela, de *O Globo*, em 26 nov. 2021.
39. OLIVEIRA, Joana. Zezé Motta: "Sempre neguei a falácia da democracia racial. Essa luzinha no fim do túnel ainda vai demorar." *El País*, 28 ago. 2021. Disponível em: <https://brasil.elpais.com/cultura/2021-08-28/zeze-motta-sempre-neguei-a-falacia-da-democracia-racial-essa-luzinha-no-fim-do-tunel-ainda-vai-demorar.html>. Acesso em: 22 mar. 2022.
40. HOLLANDA, Heloisa Buarque de. *Onde é que eu estou?* Rio de Janeiro: Bazar do Tempo, 2019.
41. CARDOSO, Eliana. Eliana Cardoso escreve sobre envelhecimento da população e reforma da Previdência. *Valor Econômico*, 10 mai. 2019. Disponível em: < https://valor.globo.com/eu-e/coluna/eliana-cardoso-escreve-sobre-envelhecimento-da-populacao-e-reforma-da-previdencia.ghtml>. Acesso em: 22 mar. 2022.
42. Estatísticas do 13º Anuário Brasileiro de Segurança Pública.
43. LEVY, Tatiana Salem. *Vista chinesa*. São Paulo: Todavia, 2021.
44. GAY, Roxane. *Precisamos falar sobre abuso*. Rio de Janeiro: Globo Livros, 2021.
45. DIDION, Joan. *O ano do pensamento mágico*. Rio de Janeiro: HarperCollins Brasil, 2018.
46. Dados do site Relate, disponível em: <relate.org.uk>. Acesso em: 22 mar. 2022.
47. TAVARES, Mariza. *Menopausa*: o momento de fazer as escolhas certas para o resto da sua vida. São Paulo: Contexto, 2022.
48. LOPES, Adriana Dias. "Idosos não só transam, como também gostam de transar", diz psiquiatra Carmita Abdo. *O Globo*, 8 ago. 2021. Disponível em: <https://oglobo.globo.com/saude/bem-estar/idosos-nao-so-transam-como-tambem-gostam-de-transar-diz-psiquiatra-carmita-abdo-25144817>. Acesso em: 22 mar. 2022.
49. Dados do Fórum Brasileiro de Segurança Pública, 2020.
50. HOLLANDA, Heloisa Buarque de. *Explosão feminista*: arte, cultura, política e universidade. São Paulo: Companhia das Letras, 2018.
51. RODRIGUES, Carla. *O luto entre clínica e política*: Judith Butler para além do gênero. Belo Horizonte: Autêntica, 2021.

Este livro foi composto na tipografia Palatino LT Std,
em corpo 11/16, e impresso em papel off-white
no Sistema Cameron da
Divisão Gráfica da Distribuidora Record.